KB237672

21세기 대한민국 선진화 전략

스위스에서 배운다

21세기 대한민국 선진화 전략
스위스에서 배운다

장철균 지음

살림

2007년 주 스위스 대사로 부임할 때의 감회는 지금도 새롭기만 하다. 필자는 1977년 제네바에서 개최된 국제회의 참석차 스위스를 여행한 적이 있었다. 회의 기간 중 레만 호수 주변을 거닐면서 호수와 알프스가 어우러진 풍광에 매료되었던 기억이 떠올랐다. 그리고 이어 방문한 수도 베른과 취리히의 아름다운 모습은 가히 충격적이었다. 당시에는 이곳이 무릉도원이 아닌지 착각할 정도였다. 스위스야말로 하늘이 내려준 축복의 나라라고 생각되었다. 그 후에도 두 차례 스위스를 방문한 적이 있었는데 그때마다 어디를 가도 아름답고 평화로운 스위스의 전원에 마음이 사로잡히곤 했다. 필자는 스위스의 기억을 떠올리면서 '지상의 낙원'에서 근무하게 된 행운에 감사했다.

그러나 부임한 후 3년여 동안 생활하면서 필자가 목격하고 경험한 스위스는 그 이전과는 많은 차이가 있었다. 결론부터 말하면, 알프스의 진주라고 불리는 스위스의 모습은 하늘이 내려준 혜택이 아니라 스위스 사람들이 스스로의 손으로 건설한 지상의 낙원이었다. 그리고 사람의 힘으로 이러한 나라를 건설할 수 있을까 하는 경외심과 함께 스위스를 좀 더 깊이 알아보려는 생각도 갖게 되었다.

스위스를 떠난 지 7년이 지났지만 스위스에 부임해서 대통령에게 신임장을 제정提呈하던 날에 있었던 일은 지금도 기억에 생생하다. 어느 나라나 대사의 신임장은 국가원수가 접수하고 외교관례에 따라 근엄한 전통적 의전절차에 따라 제정된다. 그러나 이날 신임장 제정식은 대통령과 행정장관이 참석하고 외교부 실무 관계자만이 배석한 조촐한 행사였다. 식을 마치고 오찬을 한 후 이동하던 중 조그만 슈퍼마켓 앞에서 행정가방과 쇼핑백을 들고 나오는 낯익은 분과 만났는데 오전에 신임장을 접수한 그 대통령이었다. 내가 깜짝 놀라 어쩔 줄 모르고 서 있는데 그분이 먼저 '다시 만나 반갑습니다. 다음에 만나지요.' 하면서 총총히 자리를 떴다. 경호원도 비서도 없이 혼자였다. 이것은 외교관이 직업인 나에게는 '사건'이나 다름없었다. 여러 나라에 근무하면서 경험했던 것과는 너무도 다른 신임장 제정식과 국가원수의 모습이었다. 책을 통해서만 읽었던 스위스의 실용주의가 대통령과 정부 차원에서도 예외 없이 생활화되고 제도화되어 있다는 것을 실감할 수 있었다.

또 한 가지 특별히 기억에 남는 일이 있다. 어느 스위스 지인의 집을 방문했는데 알프스 산자락의 아름다운 전원주택의 문이 열려 있고 커다란 대포의 포문이 드러난 사진이 눈에 띄었다. 의아해서 물어본즉슨 20여 채의 집이 있는 이 전원 마을의 지하가 모두 군사 요새이며, 제2차 세계대전 때 지어진 것이라고 했다. 더욱 놀라운 것은 이러한 지하 포대요새가 알프스 산자락에 2만 개가 넘게 있다고 했다. 믿어지지 않았다. 훗날 알프스에 있는 군사 박물관과 요새를 직접 방문해서야 사실을 믿을 수 있었다. 그리고 그가 안내해 준 자신의 집 지하는 온통 군사장비와 사냥장비로 가득 찬 무장 요새였는데, 대부분의 스위스 가정이 이와 비슷하다고 해서 다시 한 번 놀라지 않을 수 없었다. 이 요새들과 군 장비들이 남북이 대치하고 있는 분단의 나라 한국의 집과 산이 아닌 평화로운 영세중립국 스위스에 있다는 것을 믿을 수가 없었다.

지방자치로 유명한 스위스의 조그마한 칸톤을 방문하는 기회에 그곳에서 열리고 있는 주민총회Landsgemeinde를 목격한 적이 있었다. 비가 오고 있었는데 장시간에 걸쳐 토의한 후 의사결정을 위해 릴레이 투표를 하고 있었다. 수백 명의 주민이 모두 시 의원과 같은 진지한 모습이었다. 말로만 듣던 스위스 직접민주주의의 현장이었다.

스위스에 생활하면서 누구나 느끼는 것 중 하나는 스위스 사람들의 검소함이다. 스위스에 살고 있는 사람 중에 제일 부자는 스웨덴 가구회사 이케아IKEA의 창업주 잉그바르 캄푸라트인데 이 사람에 관한 기사를 읽은 적이 있다. 그는 종종 빵을 저녁에 구입하는데 빵 값이 반으로 할인되기 때문이라고 한다. 외국 여행으로 항공편을 이용할 때는 이코노미석만 이용하고, 공항에 내려서는 목적지까지 버스를 이용한다고 한다. 그래서 회사 앞에서 경비원이 그를 몰라보고 출입을 통제했다는 일화가 게재되어 있었다. 기사를 읽으면서 이 억만장자가 스위스에서 오래 생활하면서 스위스 사람이 다 되었구나 하는 느낌을 받았다. 스위스 부자들도 대부분 이렇게 생활하기 때문이다.

스위스 사람들은 공공장소에서나 매표소에서나 줄을 잘 서지 않는다. 그러나 싸움이 없다. 정확히 앞뒤 차례를 지키기 때문이다. 기차와 같은 공공교통은 도착과 출발시간이 매우 정확하다. 이탈리아에서는 기차가 1시간이 늦어도 아무런 불평이 없고, 프랑스에서는 30분만 늦으면 고개를 젓고, 독일에서는 10분만 늦으면 불만을 표시한다고 한다. 스위스에서는 5분만 늦어도 사고가 있다고 생각한다. 정확하기로 으뜸인 독일 사람이 유일하게 긴장하는 곳이 스위스라고 한다.

이러한 스위스의 모습은 필자의 관심을 끌기에 충분했다. 또한 국제정치 학도로서 그리고 직업 외교관으로서도 스위스에 대한 관심은 높았다. 국토의 3/4이 산으로 부존자원도 별로 없고 인구는 20%의 외국인을 제외하면 7백만 명밖에 안 되는 약소국으로 독일·프랑스·이탈리아 등 강대국에 둘러싸인 내륙국 스위스가 오늘날 선진국 중의 선진국이 될 수 있었던 이유는 무엇일까? 그리고 스위스의 국가 건설이 많은 나라로부터 주목받고 연구의 대상이 되는 이유는 무엇일까?

스위스 부임에 앞서 접하게 된 조너선 스테인버그Jonathan Steinberg의 저서 『왜 스위스인가Why Switzerland?』는 스위스가 연구 대상인 첫 번째 이유로 정치·경제·문화·사회 등 모든 분야에서 다양성을 갖고 있으면서 정치적 분열이나 노사분규가 없고 사회적 갈등이 적은 통합성을 이루고 있다는 점을 지적했다. 스위스를 연구하는 핵심적인 이유는 스위스의 경제나 은행·관광 산업이 아니라 구조적으로 '깨지기 쉬운' 다민족·다문화로 형성된 스위스가 어떻게 국민통합을 이루어 지구 상에서 가장 높은 소득과 삶의 질을 영위하는 모범적인 국가를 건설할 수 있었는가에 있다는 것이다.

그러면 다양성을 통일성으로 조화시키는 열쇠는 무엇인가? 스위스를 이해하는 것은 쉬운 일이 아니었다. 서양에는 '작은 것이 아름답다Small is beautiful.'라는 속담이 있다. 그리고 한국에는 '작은 고추가 맵다.'라는 속담이 있다. 필자에게는 스위스가 이 두 속담이 상징하는 것처럼 '작지만 아름답고 강한' 나라로 보였다. 그리고 스위스는 아름다운 알프스의 자연이 가져다준 혜택이 아니라 스위스 국민의 정신과 스스로의 손으로 건설한 것이었다. 그래서 필자는 스위스 국가 건설의 성공 비결은 바로 스위스인의 정신이었다고 본다.

필자는 스위스에서의 생활과 근무 경험을 통해 관찰한 스위스의 정신을 독립성, 중립성, 자율성, 타협성, 실용성, 창의성, 근검성, 준비성의 여덟 가지로 정리했다. 이 책은 이 정신이 정치, 경제, 사회, 문화 전반에 발현되어 오늘날의 스위스가 건설되는 성공적인 과정을 설명한 것이라고 할 수 있다.

이러한 스위스에 대한 필자의 관심은 대한민국과도 관련이 깊다. 강대국에 둘러싸여 있는 지정학적 여건과 자원이라곤 사람밖에 없는 환경 등이 유사하기 때문이다. 가난했던 과거의 역사도 다르지 않다.

이러한 조건에서 오늘날의 선진강국을 건설한 스위스는 한국이 선진국이 되기 위해 배워야 할 많은 교훈을 주고 있다. 한국은 짧은 기간에 산업화와 민주화를 성취해 국제적으로 높은 평가를 받고 있으나 현재 선진국의 문턱에서 방황하고 있다. 한국이 선진국이 되기 위해서는 앞서 선진 강국으로 발돋움한 스위스의 성공사례가 길잡이가 될 수 있다고 믿는다.

필자는 스위스에 근무하면서 얻은 교훈을 한국의 선진국 건설에 적용해 보기 위해 이 책을 저술했다. 이 책의 내용은 한국의 정책 결정자와 일반 국민에게 알릴 필요가 있다고 생각되어 지난해부터 「월간조선」에 연재한 바 있는데 그 기고문을 기초로 내용을 보완하고 재구성해서 완성한 것이다.

외교부를 퇴직한 후 여러 지인들로부터 외교부 대사들이 근무지의 소중한 경험을 기록으로 남겨 사회에 환원하는 노력이 부족하다는 지적을 받은 바 있다. 이 책이 그러한 분들의 조언에 대한 필자의 응답이 될 수 있기를 바란다. 그리고 한국의 선진화를 설계함에 있어 다소의 참고가 될 수 있기를 기대해 본다. 그래서 훗날 한국이 명실상부한 선진국이 된다면 이 책을 세상에 내놓은 보람이 있을 것으로 생각한다.

이 책을 내면서 지난 35년의 외교관 생활을 돌아보는 감회 또한 적지 않다. 국내외로 옮겨 다니며 외교관 부인으로서의 사명을 다하고 두 자녀를 성심껏 돌보아온 아내에게 감사한다. 이 책이 곧 맞게 될 아내의 환갑에 뜻있는 선물이 되기를 기대한다. 이 책의 출간을

위해 후원해 주신 주한 스위스 대사관과 스위스 문화기금에 감사드
린다.

2013년 11월 11일
장철균

제1장
한국과 스위스

선진국 문턱에서 주저앉은 한국

지난 반세기 대한민국의 역사는 산업화와 민주화라는 두 단어로 요약될 수 있다. 1961년 한국의 1인당 국민소득은 89달러로 세계 125개국 중 101번째였으며, 한국이 월남전에 참전하던 1964년 당시 1인당 국민소득은 100달러로 아프리카의 가나와 같은 최빈국 수준이었다. 이는 북한 국내총생산GDP의 절반에도 못 미쳤다. 10년 후 월남전에서 철수하던 1974년에 비로소 북한의 GDP를 넘어서게 되었다. 1970년대까지도 미국의 무상원조에 의존하던 한국은 10년 후인 1984년부터는 미국과의 무역에서 수출초과 현상을 보였고, 오히려 미국으로부터 통상압력을 받게 되었다. 한국은 중진국으로 성장했고 단기간에 이룬 경이적인 경제성장은 '한강의 기적'으로 세상에 회자되면서 압축 성장의 대명사가 되었다.

먹고 사는 문제를 해결한 경제적 성취는 잠재해 있던 자유에 대한 갈망을 자극했고, 1987년 6.29선언을 통해 민주화의 길을 열어 놓았다. 남북 분단의 상황에도 불구하고 88서울올림픽의 성공적 개최와 소련-중국 등 공산권과의 수교, 1996년 경제협력개발기구(OECD) 가입 그리고 1998년 동아시아 외환위기의 극복, 2002년 월드컵 개최와 4강 진출은 한국을 전 세계에 알렸으며, 한국의 국제화 노력도 궤도에 오르게 되었다. 한국은 산업화와 민주화를 최단시간에 성취한 모범적인 국가로 높이 평가받게 되었다. 이러한 한국의 국가 건설

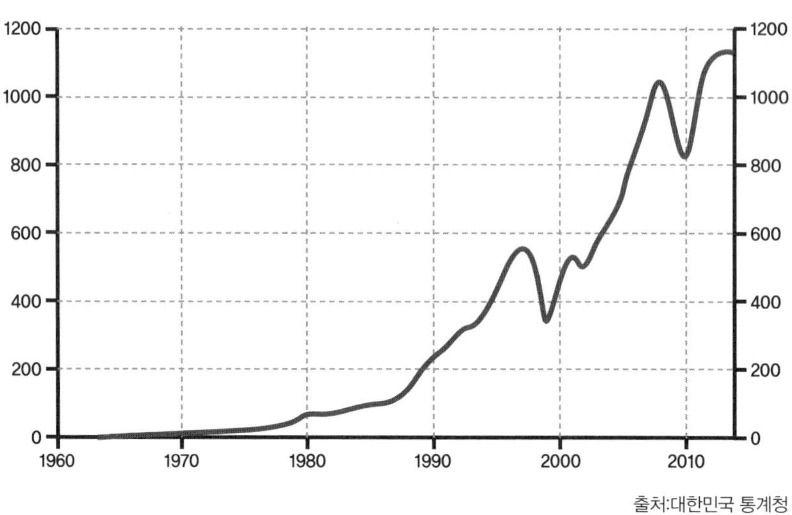

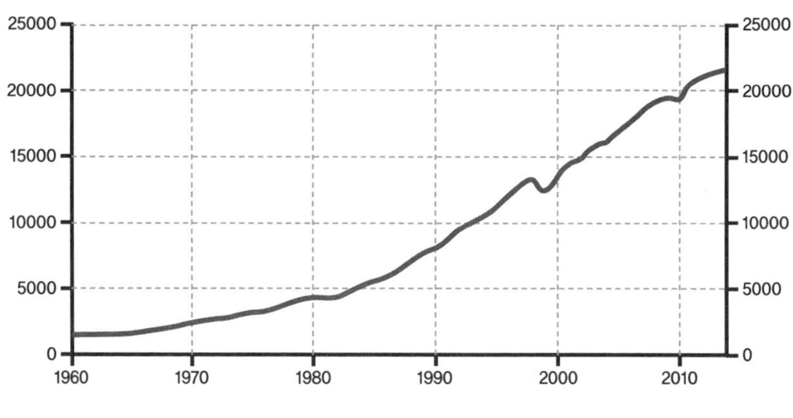

nation-building 사례는 오늘날 대다수의 개발도상국으로부터 이상적인 모델이 되고 있다. 오늘의 한국은 분명히 선진국의 문턱에 와 있다.

2009년에는 국제경제 질서를 주도하는 G20의 회원국도 되었다. 지난 반세기의 짧은 기간에도 불구하고 한국은 200여 년에 걸쳐 발전한 서구 선진국을 빠른 속도로 추격하고 있는 것이다. 다음 국가 목표는 선진국 진입이다. 나라 안에서도 21세기에는 한국이 선진국 대열에 합류하게 될 것이라는데 이의를 제기할 사람은 별로 없을 것이다.

경제적으로 한국은 이미 선진국이나 다름없다. 지난해 한국의 인구가 5,000만을 넘어서면서 '20-50클럽(소득 2만 달러, 인구 5,000만 명)'에 7번째로 이름을 올렸다. 지난해 한국은 수출 5,550억 달러로 세계 7위, 무역 규모는 1조 달러를 넘어 세계 8위의 통상대국으로 도약했다. 외환보유액은 3,064억 달러로 세계 8위, 전자정부지수는 0.9283으로 1위에 등재되었다. 제조업 분야에서도 선박 1위, 반도체 2위, 자동차 5위로 산업 경쟁력은 최고 수준이다. 특허 건수도 미국, 독일, 일본에 이어 4위다.

이러한 통계로 보면 한국은 이미 10위권의 선진국이 분명하지만 한국 경제가 해결해 나가야 할 과제는 산적해 있다. 90%를 상회하는 대외의존도를 줄이고 내수를 진작시키는 문제, 97%를 수입에 의존하는 자원을 안정적으로 도입하는 문제, 그리고 성장과 분배의 균형을 유지하면서 경제 양극화를 극복해 나가야 하는 문제가 있다. 대기업과 중소기업의 균형발전, 노사분규와 노동쟁의, 일자리 창출, 비정규직 처우개선 등 고용불안 문제, 미래의 성장 동력을 확보하는 문제 등도 풀어나가야 할 난제들이다.

경제 난제를 풀어나가는 데 있어 우리 사회가 먼저 넘어야 할 산이 있다. 심각한 수준의 사회 갈등과 그 갈등을 증폭시키는 정치, 정

순위	국가	점수	순위	국가	점수
1	덴마크	90	17	일본	74
–	핀란드	90	–	영국	74
–	뉴질랜드	90	19	미국	73
4	스웨덴	88	20	칠레	72
5	싱가포르	87	22	프랑스	71
6	스위스	86	25	오스트리아	69
7	호주	85	30	스페인	65
–	노르웨이	85	33	포르투갈	63
9	캐나다	84	37	타이완	61
–	네덜란드	84	39	이스라엘	60
13	독일	79	41	폴란드	58
14	홍콩	77	45	한국	56

출처:국제투명성기구(TI)

부 행정의 폐쇄성과 지방자치제의 부실, 소득의 분배구조와 양극화 문제, 수도와 지방의 불균형, 지연·학연·혈연이 낳는 정실情實, 흑백 논리와 배타주의 등 정치, 경제, 사회 전반에 걸쳐 개선이 필요하다. 나아가 이성보다는 감정이 앞서는 의식구조와 쏠림현상은 과연 한국의 선진국 진입이 가능하겠는가 하는 의문을 제기하게 한다. '물질적으로 풍요한 나라, 정신적으로 가난한 나라'가 된 것은 아닌지 우려된다.

독일에 본부를 둔 국제투명성기구(TI)가 매년 국가별 '부패인식지수CPI'를 발표하는데, 한국은 지난해 100점 만점에 56점으로 조사대상 176개국 중 45위, OECD 34개 회원국 중 27위로 평가된 바 있다. 그리고 그 점수나 순위가 2008~2010년을 정점으로 계속 하향 내지 정체의 양상을 보이고 있으며, 대만보다도 뒤처진 평가를 받고 있는 형편이다.

한국의 자살률은 세계 1위(2010년 기준)라고 한다. 선진국 모임인 OECD 회원국 평균의 2.6배나 된다. 1년에 1만 5,000명 이상이 스스로 목숨을 끊는다, 게다가 자살률은 계속 증가하고 있다. 극심한 경쟁사회에서 다른 삶의 가치를 찾지 못하는 사람들이 스스로 목숨을 끊고 있는 것이다. 성범죄도 증가하고 물질 만능 풍조가 팽배해 있다. 비싼 명품을 선호하고, 이를 부추기는 드라마와 광고는 시장만능주의의 퇴폐적 풍조를 조장하고 있다. 현실에서는 부의 양극화가 심해져서 상대적 박탈감이 증가하고 있는 실정이다. 한국은 OECD 회원국 중 교통사고 사망률 1위(인구 100만 명 당 사망자 114명, 2010년 기준)국가다. 사망자의 57.4%가 보도와 차도의 구분이 어려운 집 주변의 폭 9m 이하 생활도로에서 희생되었다고 한다.

선진화의 길은 아직도 험난하다는 생각이 든다. 한국에 주재했던 영국의 특파원이 묘사했던 것처럼 한국은 '기적을 이룬 나라, 행복을 잃은 나라'가 된 것은 아닐까? 지금 한국은 선진국의 문턱에서 주저앉아 방황하고 있는 것 같다. 한국은 인간성을 상실한 채 '황금의 노예'가 되는 사회가 되어서는 안 된다. 허리띠를 졸라매고 한강의 기적을 이루어냈다면, 이제는 머리띠를 동여매고 우리 사회를 냉정하게 돌아보면서 우리는 어디로 가야 하는가, 무엇을 어떻게 해야 할 것인가를 점검해야 할 시점이다.

어느 나라가 선진국인가?

머지않아 한국이 진입하려고 하는 선진국은 어떠한 나라인가? 선진국이란 지구 상에 존재하는 국가들을 경제발전 수준과 삶의 질을 기준으로 분류하는 국가군의 하나이다. 선진국으로 분류되지 않은 국가들을 개발도상국 또는 후진국이라고 부른다. 다른 기준으로 국가군을 분류해 볼 수도 있다. 예를 들어 강대국, 중진국, 약소국이라고 할 때는 군사력이나 경제력과 같은 국력과, 인구나 영토와 같은 국가의 크기를 기준으로 국가군을 분류한 것이다. 이 경우에 중국이나 러시아는 선진국은 아니지만 강대국이라고 할 수 있다.

선진국으로 분류하는 기준은 모호하지만, 일정한 지표를 선정해서 그 잣대로 선후진국을 분류한다. 일반적으로 경제발달 정도가 평가의 기준이 되고 있는데 주로 개인 소득이 사용된다. 1인당 GDP 등의 소득지표가 높은 국가는 선진국일 가능성이 높다. 그러나 선진국의 조건이 국민소득으로만 결정되는 것은 아니다. 국민소득으로만 따진다면 중동의 석유부국들은 모두 선진국 대우를 받아야 할 것이나 실제 그렇지는 못하다. 한 나라의 소득지표가 높더라도 산업과 인프라가 부족한 자원부국은 선진국으로 볼 수 없기 때문이다.

선진국은 국민소득이 기본적으로 높고 시장경제제도가 확립되어 있어야 한다. 국민의 수준도 경제수준에 맞게 높고, 생활의 질도 높아야 한다. 그 조사와 평가는 상대적으로 공신력 있는 국제기관이나 연구·조사기관들이 일정한 기준에 따라 시도하고 있다. 최근에는 전통적인 경제지표 이외에도 인간개발지수 등을 이용하여 삶의 질과 선진의 정도를 측정해서 선진국의 기준으로 삼기도 한다. 이러한 조사를 바탕으로 할 때, 선진국은 OECD 회원국이면서 1인당 GDP와 '인간개발지수Human Development Index'가 높은 국가로 국제통화기금(IMF)이나 세계은행(World Bank) 등으로부터 인정받는 국가를 의미한다. 소득수준, 산업발달, 민주화, 수명, 교육, 원조, 삶의 질 등 다양한 조건을 조사·평가한 만큼 신뢰도가 높다고 볼 수 있다.

선진국의 대표적 수준이라고 하면 경제지표에서뿐 아니라 사회, 문화지표에서도 균형 발전을 이룩한 G7을 말하지만, 공식적으로는 세계은행이 발표하는 1인당 GDP 또는 1인당 국민총소득GNI 수준을 잣대로 선진국 기준을 가름한다. 일반적으로 국민소득 2만 달러 이상의 국가들을 선진국이라고 한다. 국민소득이 가장 중요한 기준이기는 하나 객관적인 기준선이 있는 것은 아니다. 다만, 통상적으로 상기 IMF 기준과 OECD 회원국이 겹치는 영역인 2만 달러 이상 국가를 선진국으로 인식하고 있다. 2012년 현재, 1인당 소득이 2만 달러 이상인 국가는 40개국 정도이다.

우선, IMF의 선진국 분류기준을 보자. IMF는 국가를 선진국과 개도국의 2개 국가군으로 분류하고 있다. 선진국으로 분류되는 국가는 29개국이며, 아시아에서는 한국과 일본, 대만, 홍콩, 싱가포르 등이 포함된다. IMF는 선진국에 대해 명시적인 기준을 설정하지는 않고 있으나, 1인당 소득이 높아도 경제구조가 원유생산이나 관광 등 특정부문에 지나치게 편중된 경우에는 선진국에서 제외하고 있다. 다음으로 OECD 회원국이다. OECD는 '선진국 클럽'으로 불려왔으며, 경제 성장론의 관점에서 선진 국가군으로 자주 활용되고 있다.

1인당 GDP 상위 50국(2012년)

순위	국가	GDP($)	순위	국가	GDP($)
1	룩셈부르크	106,958	26	이탈리아	33,942
2	카타르	106,393	27	이스라엘	31,691
3	노르웨이	99,664	28	스페인	30,150
4	스위스	78,754	29	키프로스	28,961
5	아랍 에미리트	69,798	30	오만	24,803
6	호주	68,915	31	바하마	24,278
7	스웨덴	57,948	32	그리스	24,197
8	덴마크	57,572	33	바레인	24,141
9	쿠웨이트	53,418	34	한국	23,679
10	캐나다	51,688	35	슬로베니아	23,184
11	싱가포르	50,323	36	사우디아라비아	22,635
12	미국	49,601	37	포르투갈	20,661
13	오스트리아	48,479	38	타이완	20,502
14	네덜란드	47,841	39	몰타	20,437
15	핀란드	47,495	40	체코	19,515
16	일본	46,972	41	트리니다드토바고	18,527
17	아일랜드	45,853	42	슬로바키아	17,343
18	벨기에	45,089	43	바베이도스	16,929
19	프랑스	42,793	44	에스토니아	16,636
20	독일	42,625	45	적도기니	16,026
21	아이슬란드	41,410	46	우루과이	15,485
22	뉴질랜드	40,453	47	칠레	15,453
23	브루나이	39,355	48	앤티가바부다	14,284

| 24 | 영국 | 38,891 | 49 | 러시아 | 14,246 |
| 25 | 홍콩 | 36,217 | 50 | 폴란드 | 14,039 |

출처:세계은행(World Bank)

현재 OECD 회원국은 34개 국으로 아래와 같다.

그리스	네덜란드	노르웨이	뉴질랜드	덴마크
독일	룩셈부르크	멕시코	미국	벨기에
스웨덴	스위스	스페인	슬로바키아	슬로베니아
아이슬란드	아일랜드	에스토니아	영국	오스트리아
이스라엘	이탈리아	일본	체코	칠레
캐나다	터키	포르투갈	폴란드	프랑스
핀란드	한국	헝가리	호주	

아시아에서는 한국과 일본 2개국이 포함되어 있다. 헝가리, 슬로바키아, 터키, 멕시코 등 국민소득 2만 달러 이하의 국가도 다수 포함되어 있어 회원국 모두를 선진국으로 보기는 어렵다.

유엔개발계획(UNDP)에서도 매년 인간개발지수를 조사해 발표한다. 국가의 실질 국민소득, 교육수준, 문맹률, 평균수명 등을 여러 가지 인간의 삶과 관련된 지표를 조사해 각국의 인간발전 정도와 선진화 정도를 평가한 지수이다. 0.8 이상이면 높고, 0.9 이상이면 매우 높은 수준이다. 2013년에 발표된 2012년 기준지수로 0.8 이상의 국가는 47개국이다.

객관적 분류 지표로 본 선진국가군

먼저 IMF가 2008년 발표한 선진국은 아래 35개국이다.

그리스	네덜란드	노르웨이	뉴질랜드	덴마크
독일	룩셈부르크	몰타	미국	벨기에
산마리노	스웨덴	스위스	스페인	슬로바키아
슬로베니아	싱가포르	아이슬란드	아일랜드	에스토니아
영국	오스트레일리아	오스트리아	이스라엘	이탈리아
일본	중국	체코	캐나다	키프로스
포르투갈	프랑스	핀란드	한국	홍콩

다음으로, 선진국클럽이라 불리는 OECD 회원국인 동시에 세계
은행으로부터 고소득 국가군으로 분류되는 국가는 2010년 기준으로
다음과 같은 30개 국이다. 이 중에는 OECD 회원국이지만 세계은행
으로부터 고소득 국가군으로 분류되지 않은 국가도 일부 포함된다.

네덜란드	노르웨이	뉴질랜드	덴마크	독일
룩셈부르크	리비아	미국	벨기에	스웨덴
스위스	스페인	슬로바키아	슬로베니아	아이슬란드
아일랜드	에스토니아	영국	오스트레일리아	오스트리아
이스라엘	이탈리아	일본	체코	캐나다
포르투갈	폴란드	프랑스	핀란드	한국

OECD의 산하기구인 개발원조위원회(DAC, Development Assistance
Committee)는 개발도상국에 대한 공적개발원조에 대하여 논의하는
기구로, 호주, 오스트리아, 벨기에, 캐나다, 덴마크, 핀란드, 프랑스,

삶의 질 상위국가(2013년)

순위	국가	순위	국가
1	스위스	16	독일
2	오스트레일리아	16	미국
3	노르웨이	19	한국
4	스웨덴	20	이스라엘
5	덴마크	23	칠레
6	싱가포르	25	일본
7	뉴질랜드	26	프랑스
8	네덜란드	27	영국
9	캐나다	28	체코
14	대만	29	스페인

출처:「이코노미스트 인텔리전스 유닛」

독일, 그리스, 아일랜드, 이탈리아, 일본, 한국, 룩셈부르크, 네덜란드, 뉴질랜드, 노르웨이, 포르투갈, 스페인, 스웨덴, 스위스, 영국, 미국 등 24개 회원국(23개 회원국과 유럽위원회)이 가입되어 있다. 실질적인 선진국을 가늠할 수 있는 국가군이다.

공식기관은 아니지만 「이코노미스트 인텔리전스 유닛(Economist Intelligence Unit)」이 2013년 발표한 삶의 질 조사에서 상위 30개국 안에 선정된 국가는 위의 표와 같다.

다음으로 「뉴스위크(News Week)」가 건강, 경제, 교육, 정치, 삶의 질을 포함한 다섯 분야의 선진화 정도를 파악해 2010년 발표한 '세계의 최고 국가The world's best countries:2010 index' 조사에서 상위 25개국 안에 선정된 국가는 다음과 같다.

순위	국가	순위	국가
1	핀란드	15	한국
2	스위스	16	프랑스
3	스웨덴	17	아일랜드
4	오스트레일리아	18	오스트리아
7	캐나다	19	벨기에
9	일본	20	싱가포르
11	미국	21	스페인
12	독일	22	이스라엘
13	뉴질랜드	23	이탈리아
14	영국	25	체코

출처:뉴스위크

한국이 닮지 말아야 할 선진국

물론 상대적으로 더 많은 지표를 만족하는 국가가 그렇지 못한 국가에 비해 무조건 선진도가 높다고는 단정할 수 없다. 그러나 일반적으로 더 많은 기관 및 지표에서 선진국으로 분류된 나라가 그렇지 못한 나라보다 다양한 선진국의 조건들을 충족했다고 볼 수 있다.

이러한 관점에서 앞에 살펴 본 OECD, IMF, UNDP, 「이코노미스트」, 「뉴스위크」 등 국가 상위국을 뽑는 7개의 기관 중 5기관 이상이 중복되는 국가들을 찾아보면 27개국이 추려진다. 이 국가들이 사실상의 선진국으로 평가된다.

① 7개 기관에 모두 포함된 국가는 스웨덴, 아일랜드, 한국, 프랑스, 독일, 네덜란드, 스위스, 영국, 핀란드, 노르웨이, 스페인, 오스트레일리아, 뉴질랜드, 미국, 오스트리아, 캐나다, 일본, 벨기에, 덴마크, 이탈리아, 포르투갈 등 21개국이다. ② 6개 기관에 포함된 국가는 그리스, 룩셈부르크, 체코, 이스라엘 등 4개국이다. ③ 5개 기관에 포함된 국가는 슬로베니아뿐이다.

선진국들은 선진화 과정과 선진국 진입 후의 경제정책에 차이가 있다. 먼저 미국, 영국, 아일랜드 등 영어 사용 국가들로, 아담 스미스형 자유주의를 기반으로 성장에 초점을 맞춘 국가들이 있다. 분배보다는 성장력 강화와 경쟁력 강화를 통해 국력을 증대시키는 장점이 있는 반면 빈부격차가 심해 사회갈등이 높아질 수 있는 단점이 있다.

다음으로 프랑스, 독일 등 대륙 국가들이다. 사회복지지출의 상당 부분을 기업이 감당하게 함으로써 성장과 분배의 균형을 이루는 나라들이다. 자유화와 사회화를 절충한 것으로 볼 수 있다. 사회적 갈등을 약화시키는 장점이 있으나 경제가 둔화되는 저성장 국면에서는 정부와 민간부문이 모두 어려워져 경쟁력이 약화되는 단점이 있다.

성장보다 복지에 국가투자의 비중을 두고 있는 북유럽의 스웨덴, 노르웨이, 핀란드 등은 평생 사회복지체제를 갖춘 나라들이다. 고소득과 완전고용으로 '요람에서 무덤까지'로 대변되는 평등주의 모델을 실현했으나 성장욕구가 높지 않다는 단점이 있다.

마지막으로 일본이다. 50년대에는 성장 위주로 경쟁력을 강화하여 고소득 선진국에 진입했다. 하지만 이후 빈부격차의 심화로 사회갈등이 표출되면서 80년대 들어 기업의 평생고용제, 농촌구제, 사회보장 강화 등 유럽형 평등주의 시스템으로 변환해 평등사회를 추구했다. 그러나 90년대 거품 붕괴로 성장 동력이 떨어지면서 잃어버린 20년의 경기침체를 겪고 있다.

한국이 어느 방향의 진로를 선택하느냐에 고민하기에 앞서 닮아서는 안 되는 국가모델을 살펴볼 필요가 있다. 한국과 유사한 그리스를 보자. 그리스는 반도국으로 오스만투르크의 오랜 식민 지배를 겪었고, 제2차 세계대전 후에는 공산주의 확산으로 혼란을 겪었으며, 군부독재가 등장해 민주주의는 뒤로하고 성장 위주의 산업화를 이루어 80년대에 국민소득 1만 달러를 넘어서며 선진국 대열에 진입했다. 한국과 유사한 발전 과정을 거쳤다.

이후 민주화 과정에서 보수와 진보정당이 대립하며 성장과 분배의 정치적, 사회적 갈등이 심화됐다. 그런 가운데 탄생 108년 만인 2004년에 올림픽을 다시 치르면서 자긍심이 한껏 높아졌다. 그러나 헬레니즘을 대표하는 찬란한 유적지가 난개발로 인해 함몰된 아테네의 모습은 서울과 유사하다. 인근 터키와의 키프로스 분쟁은 남북한 분단에 비교되곤 한다. 90년대 이후 유럽 사회당의 도약과 함께 그리스 진보정당이 도약하면서 복지를 강화하는 분배 정책이 성장을 압도했는데 10여 년이 경과한 오늘날 국가부도의 위기에 몰리고 있다. 스페인, 포르투갈 등도 유사한 길을 가고 있다.

한국은 선진화가 완성되지 못한 상황에서 이러한 나라들이 겪고 있는 '중진국의 함정'을 답습해서는 안 될 것이다.

한국인은 어떤 선진국을 희망하나

UNDP는 소득기준과 함께 건강, 문맹률을 기준에 포함한다. OECD는 소득·민주화·시장경제체제의 3가지 요건을 가입조건으로 한다. 이 조건에 따르면 한국은 1990년대 중반에 이미 선진국 클럽에 가입했다. GDP 중 농업과 도시 비중과 같은 경제구조를 기준으로 선후진국을 판단하는 경우도 있다. 이 기준에 의하면 선진국의 농업비중은 평균 2%지만, 한국은 3%이며, 도시인구비중은 선진국 평균이 78%인데 한국은 81%이다. 오히려 한국이 높다. 산업력 또는 기술력으로 구분하는 경우도 있으나 한국은 이 영역에서 이미 10위권 안에 있다.

삼성경제연구소가 한국인의 선진화에 대한 국민의견을 조사해 보았는데, '한국이 이미 선진국'이라는 응답은 8.9%에 불과했다. 그리고 응답자의 2/3는 한국이 선진국이 되려면 5~10년(평균 7.7년) 정도 소요될 것이라고 응답했다고 한다. 선진화를 위해 고통분담을 감내할 수 있는 기간에 대한 설문에서는 평균 7.8년으로 예상한 선진화 도달기간과 거의 같게 나타났다. 이러한 조사를 바탕으로 한다면 한국인은 적어도 2020년까지는 선진화를 위해 감내할 수 있고 선진국에 진입해야 한다고 생각하고 있는 것으로 보인다.

그러면 한국인은 어떤 나라를 선진국으로 생각하나? 선진국 하면 떠오르는 이미지에 대한 한 설문조사에서는 응답자의 33.8%가 경제적 여유, 32%는 쾌적하고 편안한 삶을 선택했다고 한다. 복수 응답에서는 쾌적하고 편안한 삶에 대한 선호가 경제적 여유보다 높은 응답률을 보인 것으로 조사되었다. 또한 바람직한 선진화 전략으로 경제성장과 사회통합의 균형을 선택한 응답이 압도적이었다고 한다.

한국인이 희망하는 선진국의 모습은 경제적 여유와 편안한 삶을 누릴 수 있는 나라다. 이를 위해서는 지속적 경제성장과 함께 사회 내의 불평등, 불균형, 불안정 요소를 극복해야 한다. 지난 18대 대선에서 여야 후보들이 내건 경제민주화와 국민대통합 공약은 선진화에 대한 국민의 생각과 기대를 반영한 것이었다고 볼 수 있다.

한국의 선진화 어디까지 왔나?

삼성경제연구소가 선진국 클럽인 OECD와 한국의 선진화 지표를 비교해 본 결과 한국의 선진화 수준은 선진국에 비해 13.3년이 뒤처진 것으로 나타났다. 한국의 선진화 점수는 65.5점으로 OECD 평균인 74점보다 8.5점 낮았고 비교 대상 30국 중 24위로 한국의 경제규모 15위보다 9단계 낮았다. 선진화의 요건을 역동성, 자부심, 자율성, 창의성, 호혜성, 다양성, 행복감의 7가지로 하여 조사한 결과이다.

경제적 규모와 구조상의 기준으로만 보면 한국은 이미 선진국이지만 한국사회는 아직 불안정한 요인이 산재해 있다. 한국이 선진국에 미달하는 사회지표를 보면, 우선 전체 재정에서 복지 분야 재정지출이 차지하는 비중이 선진국의 절반 수준에 불과하다. OECD 평균 54.7%에 비해 한국은 25.2%에 불과하다. 이와 같은 상황에서는 지속 가능한 성장 자체가 불가능하다. 국가가 국민의 기본적 수요를 충족시키기 어렵고 양극화가 심화될 수 있으며, 저출산, 고령화 시대를 맞아 인적자본의 부족을 초래할 수 있다.

　사회적 자본의 성숙도 측면도 여전히 취약한 것으로 나타났다. 국제경영개발원(IMD) 조사에 의하면 한국의 사회응집력은 최하위 수준이고, 법질서 준수지수는 OECD 30개국 중 27위이며, 국제투명성기구가 발표한 부패인식지수는 163개국 중 42위이다. 세계경영경제학회는 지속 가능한 성장을 위한 사회적 토양으로 신뢰trust, 원칙integrity, 통합solidarity, 개방openness을 예시하고 있다.

　여성인력 활용도도 떨어진다. 출산, 육아기의 경력단절, 직업상 낮은 지위, 여성 친화적 일자리 부족 등으로 인해 여성 고용률이 저조한 것이다. OECD 평균의 절반에 불과하다. 여성인력의 활용도 제고는 저출산, 고령화에 대응하여 노동공급의 양과 질, 두 가지 측면에서 경제 활력과 성장 잠재력에 기여할 수 있다는 점을 주목해야 한다.

　또한 한국 고령자들의 절반이 빈곤층으로 상대적 소득 수준이 OECD 회원국 가운데 가장 낮은 것으로 조사됐다. 근로자들이 나이가 들면 쉽게 직장에서 밀려나는 데다 노인을 위한 복지제도가 선진국에 비해 잘 갖춰져있지 못하기 때문이다. 노인들의 상대적 빈곤율도 회원국 중 가장 높은 것으로 조사됐다. 한국 고령자들이 경제적으로 큰 어려움을 겪는 것은 공적연금제도가 충분하지 않은 데다 이들을 위한 좋은 일자리도 극히 제한돼 있기 때문이다.

　한국의 어린이와 청소년이 느끼는 주관적 행복지수도 OECD 중 가장 낮은 것으로 나타났다. 연세대학교 사회발전연구소가 조사한 바에 따르면, 2012년 주관적 행복지수는 72.54점으로 OECD 중 최하위다. 또 초등학생 집단에서도 가출 및 자살 충동이 매우 높다. 초등학생 7명 중 1명이 가출 및 자살충동을 느낀 적이 있으며 이 비율은 중학생, 고등학생으로 갈수록 더 높게 나타났다고 한다.

한편, 국제노동기구(ILO)가 우리나라 청년 5명 중 1명은 일하지 않고 일할 의지도 없는 무직자인 '니트족'이라고 밝혔다. 이는 OECD 회원국 중에서 일곱 번째로 높은 비중이다. 니트족이란 학교에 다니지도, 취업이나 직업 훈련을 받지도 않는(Not in Education, Employment or Training) 무직자들을 의미한다. 한국의 청년층 니트족 비율이 OECD 평균인 15.8%보다도 3.4%포인트 높았다고 한다.

종합적으로 볼 때, 한국은 이미 IMF 선진국 분류, OECD 회원국, 인적개발지수HDI 0.9 이상 등 네 가지 기준을 충족해 24번째로 선진국이 되었다. 그러나 선진화의 정도, 즉 선진도에 있어서는 선진 국가군 중 중하위권에 위치해 명실상부한 선진국이 되기 위해서는 복지 및 사회투자 수준, 사회적 자본 성숙도, 여성인력 활용도 등 취약한 사회지표를 극복해 나가야 하는 과제를 안고 있다.

왜 스위스인가?

한국이 산업화와 민주화를 우리의 손으로 일구어낸 것처럼 선진화도 우리의 손으로 성취해야 함은 자명한 일이다. 그러나 선진화의 방향과 전략은 가급적 한국의 조건과 유사점이 있는 선진국을 벤치마킹할 필요가 있다. 선진국 중에서도 기울고 있는 나라의 뒤를 따라가는 우를 범해서는 안 될 것이다. 이러한 관점에서 스위스를 대상으로 연구해 볼 필요가 있다.

한국갤럽이 지난해 8월 '한국인이 좋아하는 나라'를 조사한 바에 의하면 미국(25%), 호주(19%), 스위스(8.0%), 캐나다(7.4%)와 올림픽 개최국인 영국(5.1%) 순으로 나타났다. 10년 전 조사에서도 스위스는 3위권에 있었다. 다시 태어난다면 어느 나라에서 태어나기를 원하는가에 대해서는 한국(51.1%), 미국(11.2%), 호주(10.5%), 스위스(5.6%), 캐나다(4.0%) 순이었다. 스위스는 '세계의 정원', '알프스의 진주'와 같은 별칭이 웅변하듯이 국가 이름 자체가 세계적 브랜드로서의 가치를 갖고 있다. 그래서 가장 가보고 싶은 나라, 가장 살아 보고 싶은 나라 중에서도 으뜸 국가 중의 하나다.

미국 컬럼비아대학 지구연구소가 발표한 「2013 세계 행복보고서」에 따르면 전 세계 156개 조사 대상국 중 덴마크가 1위, 스위스는 3위이다. 보고서에 의하면 행복도를 감소시키는 가장 큰 요인은 사람들이 인식하고 있는 자유의 정도라고 했다.

세계에서 가장 살기 좋은 10대 도시에는 언제나 스위스의 취리히, 제네바, 수도 베른 등이 포함된다. 그래서 그런지 스위스에는 많은 외국인 부자들, 고액 연금자들이 살고 있다.

행복한 나라 순위(2013년)

순위	국가
1	덴마크
2	노르웨이
3	스위스
4	네덜란드
5	스웨덴
17	미국
41	한국
42	일본
93	중국

출처:미국 컬럼비아 대학 지구환경연구소

2008년 통계에 의하면 세계의 억만장자(10억 스위스 프랑 이상) 상위 300명 중 113명이 스위스에 거주하고 있다고 한다. 미국 경제지 「포브스Forbes」의 조사에 의하면 세계의 억만장자는 1,256명이라고 하는데, 이들 10명 중 한 명이 스위스에 살고 있는 셈이다. 스위스는 사업하기 좋은 나라로 세계적 기업과 초일류 대기업이 선호하는 나라이기도 하다.

스위스는 가장 살고 싶은 나라의 1순위에 있다. 오늘날 스위스는 삶의 질에서, 행복지수GNI에서, 1인당 GDP에서, 국가 경쟁력에서 모두 세계 3~4위권에 있다. 그러나 빈곤율은 유럽 선진국의 ⅓ 수준에 불과해 부의 양극화를 고민하지 않고 있으며, 전 국민이 골고루 잘사는 특징도 갖고 있다. 국내정치와 안보도 안정적이고, 교육의 수준과 인적자원의 효율성도 세계적 수준이다.

영국의 경제전문지 「이코노미스트Economist」가 세계 80개 국가를 대상으로 가장 살기 좋은 나라를 조사했다. 「이코노미스트」의 '삶의 질 지수quality of life index'는 개인들이 스스로 얼마나 행복하다고 생각하는지를 나타내는 주관적 지수와 각 국가들의 삶의 질을 결정하는 객관적 요인들을 연계해 평가했다. 1인당 GDP를 기준으로 한 물질적 풍요도, 2013년에 태어난 아이의 평균 기대수명, 가족생활의 질, 정치적 자유도, 직업의 안정성, 개인의 신체적 안전성, 커뮤니티 활동의 질, 정부의 부패도, 성적 평등성 등을 종합적으로 평가했다. 결과는 스위스가 1위를, 호주가 2위를 차지했다.

스위스는 한국뿐 아니라 선진국이 모여 있는 유럽에서도 이상적 모델이 되고 있다. 브랜드 평가기관인 브랜드 파이낸스(Brand Finance)

가 세계국가 브랜드가치 상위 20위 국가를 조사한 바에 의하면 1위는 미국, 2위는 독일, 3위는 중국, 4위는 일본이며, 한국은 16위, 스위스는 17위였다. 그러나 인구에 비례한 국가 브랜드 가치는 스위스가 1위이다. 스위스의 주가총액은 세계 11위이지만 인구비례로는 1위이다. 외국에 대한 은행대출 규모도 3위, 해외직접투자액도 5위이지만 인구비례로는 1위이다. 또한 선진국 중에서도 노사분규와 복지병이 없는 나라이다. 나라 이름이 곧 브랜드이고 국가 경쟁력이 최고인 '작은 거인'이다. 200여 개의 크고 작은 나라 가운데 인구비례로는 스위스가 최고 선진국이라고 할 수 있다.

스위스와 주변국

<h2 align="center">한국과 스위스의 주요 지표 비교</h2>

	한국	스위스
수도	서울(Seoul, 1,000만 명)	베른(Bern, 13만 명)
인구	약 4,890만 명(2013.7, 세계 25위)	약 799만 명(2013.7, 세계 95위)
인구 증가율	0.18%(2013, 세계 178위)	0.85%(2013, 세계 129위)
출산율	8.33명/인구 1,000명 당 (2013, 세계 219위)	10.45명/인구 1,000명 당 (2013, 세계 184위)
평균 수명	79.55세(2013, 세계 42위) 남자: 76.4세 여자: 82.91세	82.28세(2013, 세계 8위) 남자: 79.99세 여자: 84.71세
면적	99,720㎢(세계 109위)	41,277㎢(한반도의 약 1/5)
종교	가톨릭(7.6%), 개신교(24%), 불교(24.2%), 기타(0.9%), 무교(43.3%)	가톨릭(41.8%), 개신교(35.3%), 이슬람교(4.3%), 무교·기타(18.6%)
국민총생산액 (GDP)	1조 1,635억 달러 (세계 15위, 2012 IMF)	6,209억 달러 (세계 20위, 2012 IMF)
국민총생산액 (GDP) (구매력 기준)	1조 630억 달러 (세계 12위, 2012)	3,470억 달러(세계 37위, 2012)
1인당 GDP	2만 3,679달러(34위, 2012 IMF)	7만 8,754달러(4위, 2012 IMF)
실질GDP성장률	2%(세계 137위, 2012)	1%(세계 161위, 2012)
실업률	3.2%(세계 27위, 2012)	3.2%(2013)
물가상승률	2.2%(2012)	−0.7%(2011, 세계은행)
수출	5,526억 달러(세계 7위, 2012)	3,334억 달러(세계 17위, 2012)
수출 파트너	중국(24.4%), 미국(10.1), 일본(7.1%) (2011)	독일(19.8%), 미국(11.1%), 이탈리아(7.2%), 프랑스(7.1%), 영국 (5.4%) (2012)
수입	5,142억 달러(세계 8위, 2012)	2,877억 달러(세계 19위, 2012)
수입 파트너	중국(16.5%), 일본(13%), 미국(8.5%) 사우디아라비아(7.1%), 호주(5%) (2011)	독일(29.7%), 이탈리아(10.2%), 프랑스(8.4%), 미국(5.6%), 중국(5.6%), 오스트리아(4.2%) (2012)
주요산업	전자공학, 통신, 자동차생산, 화학, 조선, 철강	기계, 금융, 보험, 관광

토지 이용(경작지)	14.93%	9.8%
문맹률	2.1%(2013)	1%(2013)
저축률	GDP의 31.4%(2012, 세계 21위)	GDP의 29.4%(2012, 세계 27위)
노동인구	2,550백 만 명(2011, 세계 26위)	495만 4,000 명(2012, 세계 77위)

출처:대한민국 외교부, Presence Switzerland

한국과 스위스의 닮은 점, 다른 점

한국은 스위스와 다른 점도 있고 유사한 점도 있다. 스위스는 한국과 같이 국토의 3/4이 산이고 농토는 농가의 생계를 유지하기도 어려울 정도로 적다. 특별한 부존자원도 없다. 자원이라곤 사람뿐이다. 그래서 주변 나라에 용병을 보내 생계를 유지했던 가난의 역사를 갖고 있다. 주변이 독일, 프랑스, 이탈리아, 합스부르크 Habsburg, 오스트리아의 4대 강국에 둘러싸여 늘 외세와 전마에 시달리고 희생되었던 비극의 역사도 한국과 유사하다. 이러한 가난의 대물림 역사를 중단하기 위해 스위스는 18세기 산업혁명 후 발 빠르게 산업화를 이루었다. 19세기에는 다민족 복합문화 국가의 한계를 극복하고 연방주의와 지방분권으로 국민화합을 이루어 민주화를 성취했다. 그리고 20세기에는 유럽 교통의 전략적 요충지라는 지경학地經學, geoeconomics적 여건과 영세중립이라는 정치적 조건을 활용해 국제화에 성공했다.

오늘날 스위스는 유럽연합(EU)에 가입하지 않고 있으나 EU의 축소판으로 연구대상이 되고 있으며, 스위스가 EU에 가입하면 EU의

샅바를 사용하는 스위스의 씨름 풍경. 샅바는 한국과 스위스에만 있다.

중심지역이 될 것이라는데 의문을 갖는 사람은 별로 없다. 아시아·태평양시대가 도래하면서 한국이 지경학적 관점에서 동아시아의 중심이 될 수 있다는 점에서도 스위스의 성장과정은 한국의 국가 건설에 교훈을 줄 수 있다고 생각된다.

이러한 스위스의 국가 건설 과정은 비록 압축 성장이기는 하지만 한국이 걸어온 지난 반세기의 과정과 유사하다. 그래서 한국의 다음 목표인 선진화의 방향과 전략을 스위스에서 찾아보는 것은 의미 있는 일이다. 산업화로부터 오늘날의 선진화를 이루는 과정에서 대외적으로 독립을 유지하고 국내적 갈등요인들을 극복한 스위스의 경험은 한국에게 귀중한 교훈으로 다가올 수 있다. 물론 스위스의 역사와 경제 번영을 이룩한 방식 자체를 모방할 수는 없지만, 역사를 통해 무엇을 하고 무엇을 하지 말아야 하는가를 보여주는 좋은 사례이자 본보기가 될 것이다.

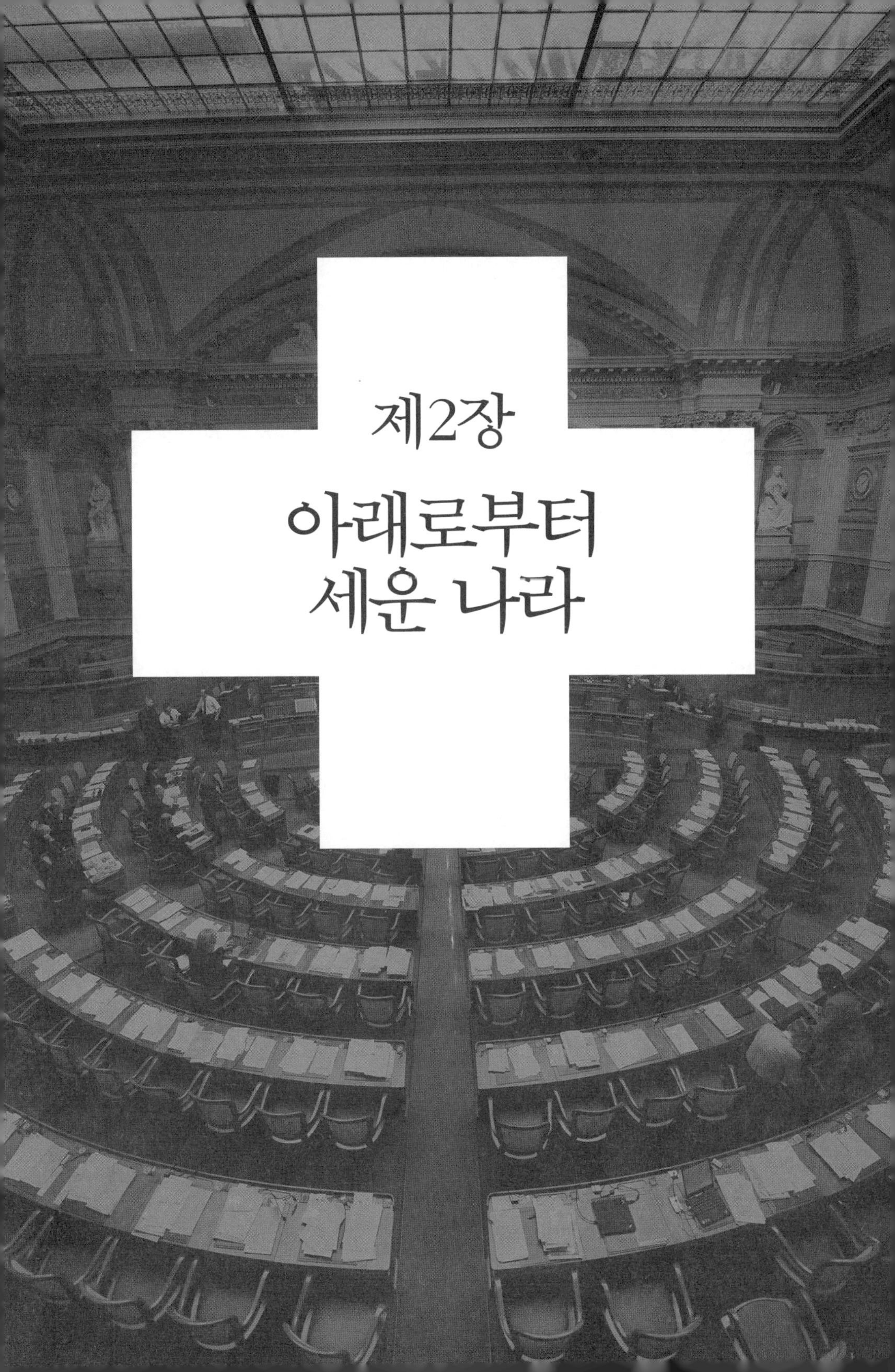
제2장
아래로부터
세운 나라

뤼틀리 언덕의 맹세

스위스 건국의 기원은 1291년으로 거슬러 올라간다. 당시 스위스 지역은 유럽 최대 세력이자 유럽의 종주국Suzerrain State인 합스부르크 왕가에 종속되어 있었다. 이때 스위스의 중심부에 위치한 알프스 자락의 3개 지역(Uri, Schwyz, Unterwalden)이 뤼틀리Rütli 언덕에 모여 합스부르크 왕가의 영토 확장에 공동 대항하자는 동맹서약oath of allegiance을 맺었다. 'Schwyz' 지명이 오늘날 스위스 명칭의 기원이며 이 세 지역이 원형 칸톤ur-kanton을 형성했다.

이 동맹은 이후 발전해서 16세기에 이르러서는 인근 13개 칸톤Kanton, 州이 합류한다. 이들은 합스부르크 왕가의 공격에 대항하여 독립 연합세력을 구축하기 위한 동맹결사체Schweizerische Eidgenossenschaft를 형성했다. 그 내용은 동맹가입 칸톤들이 ① 다른 칸톤의 동의나 허락 없이는 어떤 지배자도 섬기지 않는다. ② 다른 칸톤의 동의 없이 누구와도 동맹을 맺지 않는다. ③ 전쟁을 치르게 된 칸톤과 살고 죽기를 같이한다는 것이다.

그리고 1315년 모르가르텐Morgarten 전투에서 합스부르크의 군대를 물리쳤다. 합스부르크는 스위스 동맹의 자유와 독립을 인정하고 이를 침해하지 않겠다는 평화조약을 맺었다.

이 동맹결사체는 1499년 신성로마제국으로부터 독립을 인정받는다. 사실상의 독립을 쟁취한 스위스 동맹은 이탈리아 방면으로 계속

동맹서약 원본

세를 불려나가다가 1515년 마리나뇨Marignano 전투에서 프랑스군에게 패한 뒤 확장을 멈추게 된다.

개신교와 가톨릭의 종교 갈등

16세기 종교혁명의 여파로 유럽 전체가 요동치면서 스위스는 신·구교 국가 간 세력다툼의 시험대가 되고 종교전쟁의 소용돌이에 휘말리게 된다. 이 상황에서 스위스는 중앙집권을 선호하는 개신교 세력과 지방분권을 고수하는 가톨릭 세력 간의 대립으로 내전을 치루면서 주변 강국으로부터 독립적 자치를 인정받지 못하고 고립되었다. 한편 외국에 고용된 스위스 용병들이 외국의 전쟁에서 서로를 살상하게 되는 비극적 상황을 맞으면서 스위스의 칸톤 간에 심각한 내

분도 발생했다.

마침내 1529년에는 스위스의 개신교 취리히 칸톤과 5개 가톨릭 칸톤 간에 전투가 벌어졌지만 종교 선택의 자유를 보장하는 카펠러Kappeler 평화조약을 체결해 전면전으로의 확전은 막을 수 있었다. 그러나 종교 갈등은 계속 악화되어 1531년에는 개신교 취리히 칸톤과 가톨릭 베른 군대 간에 전투가 벌어졌는데 가톨릭이 다시 승리했다. 그 결과 두 번째 카펠러 평화조약이 체결되었지만 여전히 가톨릭에 유리했다. 개신교가 허용되기는 했지만, 가톨릭의 특권은 계속 유지됐다.

이러한 상황 하에서 칸톤의 지도자들은 회합을 통해 스위스의 동맹연합은 유지하고 종교는 자유로 선택하되 대외적으로는 유럽의 종교 분쟁에 중립을 지키기로 정치적 타협을 이루어낸다. 이 정치적 타협에 의한 내부 단합과 대외 중립이 스위스 동맹연합체의 생존 자구책으로서 외교와 안보의 근간을 이루게 된다. 그리고 이 합의가 유럽의 어떤 분쟁에도 중립을 지키는 스위스 '자결 중립'의 역사적 기원이 되었다.

스위스는 1617년부터 시작된 30년간의 전쟁 중에도 이러한 자결 중립의 방침에 따라 유럽의 분쟁에 휘말리지 않고 중립을 유지한다. 다만 외부로부터의 침공이 있으면 모든 칸톤이 군대를 동원하여 결연한 항전의사를 보이면서 중립을 무장으로 지킨다는 스위스 '무장 중립'의 전통을 확립했다. 30년 전쟁을 마무리한 1648년의 베스트팔렌West phalen 조약에서 스위스는 무장 중립국가로 승인받게 된다.

1656년에는 취리히와 베른의 개신교 지역이 가톨릭 칸톤에 맞서 지위를 개선시키려 했으나 빌메르겐Villmergen 전투에서 패해 가톨릭이 여전히 우세했다. 그러나 1712년 빌메르겐에서의 두 번째 전투에서는 개신교 칸톤이 힘을 모아 가톨릭에 승리했다. 이 승리로 스위스 연맹 내에서 가톨릭의 헤게모니는 사라지고, 취리히와 베른 등 개신교 지역이 경제력에 상응하는 정치적 영향력을 발휘하게 되었다.

칸톤주의와 연방주의의 갈등

스위스는 1789년 프랑스 대혁명 때까지 여러 협약들에 의해 한데 묶인 칸톤들의 동맹체였다. 독립적 칸톤들로 구성된 동맹체의 의사결정은 만장일치 제도였다. 그래서 칸톤 대표들의 모임인 연맹회의에서의 모든 결정은 개별 칸톤의 동의를 얻어야 했다. 유럽은 1648년 베스트팔렌 조약으로 각 영주가 주권 평등과 종교선택의 자유를 갖는 근대적 국민국가nation state로 통폐합되는 새로운 체제가 형성되었다. 이러한 국제질서의 변화 속에서도 칸톤들은 제각기 정치적 자율권을 누리기를 원했다. 그러나 다른 한편으로는 산업사회로 탈바꿈하는 유럽사회의 환경에 적응하기 위해 하나의 통합된 정치-경제적 단위를 창출해야 한다는 데 공감대가 형성되어 있었다. 그러나 이 두 가지 상충하는 문제를 스스로 해결할 수는 없었다.

이러한 스위스 내부의 갈등을 종식시키는 데 기여한 사람은 의외로 나폴레옹이었다. 1798년 스위스를 무력 점령한 나폴레옹은 1803년 스위스 내 두 종교 세력의 분쟁을 중지시키고 나폴레옹 중재법Act of Mediation에 따라 19개 칸톤으로 구성된 헬베티아 공화국Helvetica

Republic을 세웠다. 또한 나폴레옹은 스위스의 앙시앵 레짐인 길드 중심 귀족정치를 민주주의로 탈바꿈시켰다.

그러나 나폴레옹 몰락 후 헬베티아 공화국이 새로운 국가 건설을 모색하는 과정에서 지방분권을 주장하는 칸톤과 중앙집권을 고수하는 칸톤 간에 또다시 갈등이 심화되었다. 동맹체는 산업혁명으로 변화하는 시대에 걸맞게 공동시장의 형성과 통합적인 정치단위를 구성하는 데에는 의견이 일치했으나 모든 칸톤의 전원일치 의사결정 방식 때문에 합의에는 이르지 못한 것이다. 결국 1847년 두 세력 간에 내전을 치르게 되었다.

중앙집권으로의 타협이 어려운 이유는 명백했다. 칸톤의 독립적 지위 유지와 지방분권의 뿌리 깊은 전통 때문이었다. 스위스의 가톨릭은 나폴레옹에 의해 강요된 중앙집권적 헬베티아 공화국에 극렬히 저항해 1803년 스위스를 프랑스식 중앙집권적 단일국가로 전환하려던 나폴레옹의 의도를 무산시킨 바 있다.

또 다른 이유는 보수적 가톨릭 칸톤들과 진보적 개신교 칸톤들 간에 내전까지 치른 상황에서 자발적 합의로 연방정부를 창설하기 위해서는 약자의 입장에 있었던 소수 가톨릭 칸톤들의 입장이 충분히 반영되어야 했기 때문이다.

연방국가 스위스

1848년 마침내 스위스 연방을 원하는 다수의 개신교 세력이 분권을 원하는 진보세력의 입장을 고려한 절충안을 마련했다. 종래의 느슨한 연맹체와 중앙집권적 단일국가 사이의 중간노선이었다. 이러한 국가 건설의 모델로 미국의 연방 체제를 벤치마킹했다. 이들은 서로 상치되는 두 의사결정 원칙, 즉 1인 1표의 민주주의 원칙과 인구 규모에 관계없이 모든 칸톤들이 동등한 영향력을 행사하는 연방주의 원칙을 결합시켰다.

여기에서 특기할 사항은 다수의 강자 입장에 있는 개신교 칸톤들이 소수의 약자 입장에 있던 가톨릭 칸톤의 입장을 고려하여 상당한 양보를 했다는 것이다. 다수의 강자가 소수의 약자에 대한 배려와 양보로 두 세력의 통합을 이루어낸 것이다. 다양성을 통일성으로, 분열성을 통합성으로 접착시키는 '스위스적인' 타협이었다.

이 합의 내용이 1848년 연방헌법에 구현되어 미국에 이어 두 번째 연방국가가 탄생하게 되었다. 스위스는 '작은 미국'을 선택한 것이다. 칸톤은 크건 작건 동등한 자치권이 보장되는 준 주권적 정치단위가 되었다. 이들은 연방에 위임한 권한을 ① 외교와 국방 ② 사회간접 자본 투자 ③ 전국 규모의 재정 조정 분야로 국한시켰다. 그리고 대통령 선출 방식과 권한에 있어 미국과는 다른 스위스만의 독특한 체제를 도입했다. 이로써 스위스는 민주국가이자 현대적 의미의 연방제를 채택한 나라가 되었다. 또한 연방헌법은 스위스의 권력을 연방-칸톤-게마인데gemeinde, 시·군의 세 단계로 분산시키고 권력의 중심을 아래로 분산시켰다.

왕정체제를 경험하지 않은 스위스는 민주적 정치체제를 건설하는 과정에서 위로부터가 아니라 아래로부터의 타협에 의해 스위스형 정치체제를 구축한 것이다. 칸톤이 모여 합스부르크 왕가에 저항하면서 독립을 쟁취한 동맹 연합체인 스위스는 유럽에서는 왕을 가져보지 못한 유일한 나라이기도 하다. 한국이 오랜 왕정의 역사와 전통을 갖고 위로부터 세운 나라라면 스위스는 '아래로부터 세운 나라'인 것이다.

스위스 연방의 역사 뿌리 찾기

독립적인 칸톤의 동맹체로부터 연방 국가를 탄생시킨 스위스는 연방을 안정적으로 유지하기 위해 이질적 민족·다원적 문화를 하나로 결집시킬 수 있는 집단적 정체성이 필요했다. 프랑스, 독일, 이탈리아 같은 민족국가와 달리 스위스는 19세기 유럽에서 국가 건설의 기반이 됐던 단일 문화, 언어, 또는 민족에 의지할 수 없었다. 스위스는 서로 다른 칸톤 주민들을 하나로 묶을 수 있는 공동 요소를 찾아서 '스위스'라는 국민 정체성을 창출해야 했다. 집단적 정체성을 구성하는 국가 상징, 전통, 신화, 그리고 연방 국가 조직과 같은 다양한 요소를 필요로 했다.

이러한 맥락에서 1848년 연방국가의 탄생 이후 스위스인의 정체성과 공통분모를 찾기 위한 '역사 뿌리 찾기' 노력이 시작됐다. 여기에 역사적 전통이 작용했다. 13세기 농민 칸톤들이 합스부르크를 상대로 자신의 독립을 지켜내기 위해 투쟁한 역사는 모든 스위스인들이 자부심을 느낄 수 있는 영광의 유산이었다. 그래서 1291년으로 거슬러 올라가 '뤼틀리의 맹세'를 스위스의 탄생으로 간주하기 시작했다.

또한 이 시기에 합스부르크 총독에 맞서 투쟁했던 '빌헬름 텔' 이야기가 스위스의 건국 신화로 재탄생하게 된다. 아들의 머리 위에 놓인 사과를 화살로 명중시키는 이 이야기는 프리드리히 쉴러Friedrich Schiller의 희곡 『텔Tell』(1804년)에 의해 세계에 널리 알려졌다. 이 희곡 중 유명한 구절로 '뤼틀리의 맹세'가 나온다.

'우리는 가장 높으신 하나님에게만 의지할 뿐, 어떤 인간의 권력도 두려워하지 않는다.'

맹세 600주년이 되는 1891년 8월 1일 처음으로 스위스 건국일을 전국적으로 기념했다. 역사적 사건과 인물을 재탄생시켜 스위스 국민이 국가와 일체감을 가질 수 있는 계기를 마련한 것이다. 1889년 프랑스계가 프랑스 혁명 기념일을 대대적으로 경축하자 이에 자극을

빌헬름 텔과 사과

알프스 전원과 스위스의 전통악기

반아 다수인 독일계가 뤼틀리의 맹세를 스위스 건국신화로 내세웠다는 이야기도 있다. 빌헬름 텔과 헬베티아 같은 전설적, 상징적 인물들이 등장했다. 사실 동맹서약서 원본도 1758년 슈비츠Schwyz 칸톤의 문서보관소에서 발견되었는데 그때까지도 스위스 사람들은 이 서약서에 별 관심이 없었다. 그러나 상징적 인물과 신화는 서로 다른 배경을 가진 사람들이 공통된 스위스 문화를 내면화하는 데 기여했다고 볼 수 있다.

역사적 전통 이외에 문화적 요인도 동원되었다. 알프스는 국가 정체성의 또 다른 요소였다. 19세기에 스위스 여러 지역이 이미 산업화되어 있었지만, 고립된 샬레나 작은 마을에 사는 농민과 양치기들의 이미지를 통해 스위스를 다른 나라와 차별화할 수 있었다. 스위스의 정체성은 사람들이 공유하는 것 외에도 스위스를 이웃 나라들과 구별하는 스위스적인 특징에 기초한 것이다.

또 하나의 중요한 요소는 스위스의 정치 구조이다. 스위스의 직접

민주주의는 다른 국가의 민주주의와 다르며, 스위스 전체를 포괄하는 공통 문화의 가장 핵심적 요소가 됐다. 남성의 의무적 군복무는 단순히 사회적 통합 수단이 아닌 정치적 권리와 필수적 관계가 있는 것으로 인식됐다. 국가를 수호해야 한다는 이념과 자신을 동일시하는 것이 스위스의 남성 사회를 묶는 접착제 역할을 했다고 볼 수 있다.

다민족 복합문화 국가

스위스는 민족 구성과 문화적 배경이 한국과 다르다. 스위스 인구(2011년 기준) 중 독일어계가 63.7%, 프랑스어계가 20.4%, 이탈리아어계가 6.5%이고 이탈리아 인근에 레토로망스(로망슈)어라는 고대 로마어를 쓰고 있는 인구가 0.5%를 차지하고 있다. 스위스는 네 가지 언어를 모두 공용어로 인정하고 있다. 정부의 공식 문서도 4개 언어로 표기된다. 독일어는 지방마다 다른 독특한 악센트의 스위스 독일어Swiss German라는 방언을 사용하고 있어 독일어계 스위스인 간에도 소통이 잘 안 된다. 그래서 독일어계 간에도 독일의 표준 독일어를 따로 배워 소통해야 하는 복잡성을 갖고 있다. 중국어가 지방마다 달라 북경의 만다린을 통해 의사소통을 하는 것과 같다. 스위스가 중국과 비교해 면적과 인구에 큰 차이가 있는 것을 감안하면 스위스는 인종적·언어적·문화적으로 매우 다양한 이질적인 사회임을 알 수 있다.

스위스 국민이면 3개 이상의 언어를 구사하는 것이 보통이다. 독일어 사용지역에서는 프랑스어를 배우고, 프랑스어 사용지역에서는 독일어를 배운다. 제3언어도 학교에서의 필수과목이다. 요즈음은 시대적 환경에 따라 젊은이들이 영어를 많이 선택한다고 한다.

스위스는 공용어가 넷이므로 국명도 4개나 된다. 독일어로는 Schweiq, 프랑스어로는 Suisse, 이탈리아어로는 Sviqqera, 레토로망스어로는 Svigra이다. 해외에 더 잘 알려진 Switzerland까지 하면 국명이 다섯이나 되는 셈이다. 그러나 꼭 하나의 국명을 사용해야 할 때가 있다. 국제회의에서의 스위스 대표단 명패, 올림픽에서의 국가 팻말 같은 경우이다. 4개 언어 중 하나를 선택하는 것은 스위스 방식이 아니다. 그래서 공식 국명인 헬베티아 연방CH, Confoederatio Helvetica을 사용하는데 이 국명을 아는 외국인은 많지 않다(헬베티아는 라틴어이며 유럽 북방의 켈트족 일원으로 기원전 15세기경 스위

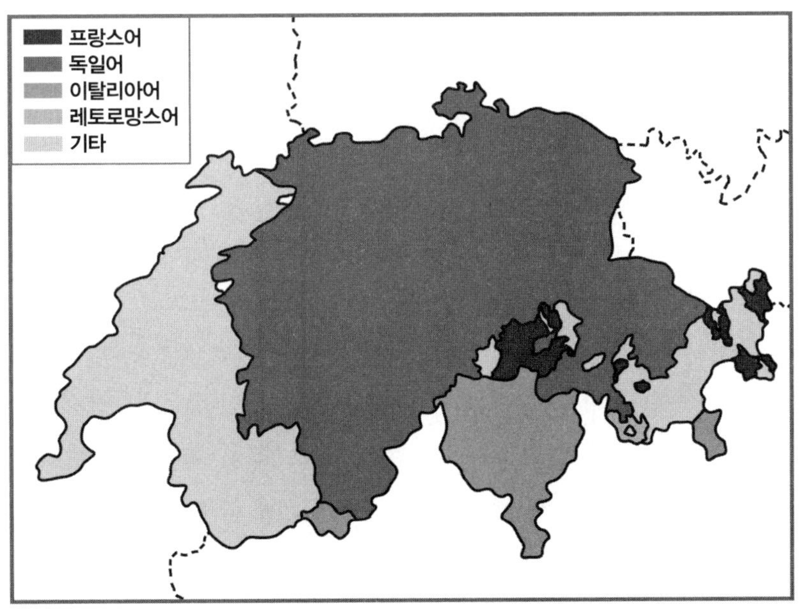

칸톤과 4개 언어의 지리적 분포

뤼틀리 언덕에서의 국경일 행사 모습

스 중부 고원지대에 거주하기 시작한 스위스인 조상의 명칭이다). 화폐 명칭도 하나여야 한다. 흔히 '스위스 프랑'이라고 하지만 공식 화폐 명칭은 CHFConfoederatio Helvetica Franc이다.

스위스의 국기는 하나이지만, 지역마다 고유의 칸톤기가 걸려 있고, 공식행사에서도 국기와 칸톤기를 함께 게양하는 것이 보통이다. 국경일 행사가 있기는 하지만 한국의 광복절 행사와 같은 모습은 찾아보기 어렵고 지방의 문화 행사 수준이다. 국가도 어느 언어로 불러야 할지 곤란하기 때문에 연주만 하고 합창하지 않는 것이 보통이다. 학교에서도 의무적으로 국가를 부르지 않다 보니 국가를 모르는 학생이 많다고 한다. 국제적인 축구경기가 있거나, 특별한 축제일에만 국가가 연주되는데 같은 이유 때문에 선수들도 국가를 부르지 않는 것이 보통이다. 스위스에 대한 애국심이 부족해서라기보다는 오히려 단합에 장애가 되기 때문이라고 생각된다.

스위스 연방의회Parliament는 1년에 4번의 회기가 있는데 회기 시작 전에 스위스 국가가 연주된다. 루체른 칸톤 출신의 하원의원이 2009년 연방의회에서 국가 연주를 폐지하자고 발의했는데 93:83의 근소한 차로 부결된 적이 있다. 찬성 논지는 '스위스의 단합에 기여'이고, 반대 논지는 국가 연주가 단지 '보여주기식 애국심'show patriotism일 뿐이라는 것이었다.

스위스는 유럽의 축소판

스위스는 지리적으로 유럽의 중심부에 위치해 있고, 로마시대부터 로마로 통하는 길은 스위스를 거쳐야 했기 때문에 육상 교통의 중심이기도 했다. 주변 강대국인 독일, 프랑스, 이탈리아 등 주요 민족이 스위스에서 함께 살고 있고 이들의 다양한 문화가 공존하고 있기 때문에 스위스가 유럽의 축소판이라는 것은 쉽게 공감할 수 있다. 그래서 '스위스의 변화를 보면 유럽의 변화를 알 수 있다.'라는 말이 있다.

스위스의 성공적인 국가 건설은 유형적인 인적, 물적 경쟁력 요소보다는 다양한 언어, 종교, 지방과 직업군 간의 조화를 통한 독특한 통합정신에 기초하고 있다. 스위스는 프랑스어, 독일어, 이탈리아어, 레토로망스 등 4개의 공식 언어를 사용하고 있고 기독교 종교혁명의 본산지임에도 불구하고 신교와 구교가 큰 충돌 없이 공존하고 있다. 이와 같이 언어, 민족, 종교 등 여러 면에서 스위스가 하나의 국가로 뭉칠 이유를 찾기 힘들지만 스위스는 이러한 분열적 요소를 성공적으로 조화, 융합시킴으로써 민주주의와 평화의 전통을 만들어내고 있다.

다양한 분열 요소를 발전적으로 통합하여 승화시킨 스위스의 성공 사례는 바로 유럽연합(EU)탄생의 모델이 되었고, 전후 처칠은 스위스 취리히에서 EU 창설을 제창한 바 있다. 훗날 스위스가 EU에 가입하게 된다면 EU의 수도와 같은 중심이 되고, EU는 스위스의 확대판이 될 것이라는 추론도 가능하다. 그러나 스위스 연방과 EU는 현 단계에서 근본적 차이가 있다. 스위스 연방은 지방으로의 권력분산과 다수결 민주주의의 두 가지 대표 원칙이 제도적으로 적용되고 있으나, EU는 유럽의회가 자문기관으로서 주요한 결정권을 갖고 있지 못하다는 점이다. EU도 스위스의 성공 사례를 연구 중이며 스위스와 같이 이중적 대표 체제를 지향하고 있는 것으로 알려져 있다.

유럽의 축소판인 스위스 정치체제가 EU의 모델이 된다면, 국제정치의 새로운 이정표를 만들게 된다. '지방자치가 민주주의의 가장 좋은 학교이다.'라고 설파했던 영국의 정치학자 제임스 브라이스James Bryce는 '현대 민주국가 중에서 스위스가 가장 연구할 가치가 큰 나라'라고 강조한 바 있다.

스위스의 두 얼굴

스위스를 접근하는 데 어려운 것 중 하나는 다양성과 통합성이라는 상충하는 가치가 다수 존재하면서 발생하는 복잡한 사회현상을 어떻게 이해할 것인가의 문제이다. 스위스는 가장 진보적이면서도 여성 참정권이 1971년에 시작되어 1989년이 되어서야 완성된 매우 보수적인 나라이다. 종교적으로도 1970년대까지 가톨릭은 상당한 차별을 받아야 했다. 특히 예수회에 대한 차별은 1973년이 되어서야 국민투표로 철폐되었다. 가장 앞서가는 민주주의 체제이면서도 좀처럼 구제도가 변화하기 어려운 완고한 체제이기도 하다.

한편, 1970년대 이후 유럽 대부분의 나라가 노사분규로 타격을 입고 있었으나 스위스는 노사분규가 거의 없었다. 보수와 진보, 좌파와 우파 등 이분화되는 분열적 흐름이 양극화로 파열되지 않는 독특한 사회현상을 보인다. 다양한 요소들이 각기 존재하면서도 '보이지 않는 통합의 끈'에 단단히 묶여 있는 것이다. 이것이 스위스의 양면성이다.

스위스는 대외적으로도 지상의 낙원과 같은 아름다운 이미지와 함께 부정적 시각도 있다. 제1차 세계대전 후 프랑스의 지식인은 "위대한 혁명이 휩쓸고 있는 이웃나라들 사이에 스위스는 홀로 중립이다. 스위스 사람들은 다른 이들의 불행으로 부유해지고 인류의 비극을 토대로 은행을 차리는 족속이다."라고 했다. 나치가 유대인으로부터 빼앗은 금을 나치에 수출한 물건 대금으로 받은 일, 비밀계좌와 세금 도피처, 전쟁 중에도 돈을 버는 나라라는 부정적 이미지를 갖고 있다.

유럽인들은 스위스가 EU에 가입하지 않고 주변을 맴돌며 경제적 이득만을 취하는, 즉 '돈만 아는 나라'라고 비하하기도 한다. "스위스는 코끼리의 발가락 사이에서 이익을 챙기는 족속이다."라고 폄하하기도 한다. 스위스는 1986년 UN 가입을 국민투표에 회부했으나 75%의 반대로 부결되었다. 유럽의 여러 나라들은 스위스가 UN으로부터 가장 많은 혜택을 얻으면서 UN 밖에 머무르려는 경향을 지적하면서 '연대활동은 가장 적게, 이익은 최대한 많이'라는 모토로 열심히 이익을 챙기는 스위스를 비판했다. 스위스는 2002년 다시 국민투표를 실시해 54.6%의 근소한 차로 UN 가입을 결정했다.

그러나 EU 가입은 여전히 부정적이다. 종속을 거부하는 스위스의 전통적 독립심도 중요한 가입 반대 이유이지만, 실질적으로도 EU 가입 시 은행 금리, 조세문제, 은행의 비밀주의원칙, 인력시장 등 경제문제에 있어 스위스에게 불리할 수 있기 때문인 것으로 보인다.

스위스 사람으로 스위스를 비판한 장 지글러Jean Zigler는 1990년 그의 저서『왜 검은돈은 스위스로 몰리는가』에서 스위스를 '탐욕으로 병든 나라'라고 하면서 스위스의 관료사회와 금융회사 수장들의 부정부패, 그리고 부패에 굴복하는 정치제도를 고발하고 있다. 국가 시스템 전체가 총체적 부패에 기반하고 심지어 '유럽 한가운데 놓인 해적떼의 소굴'이라고 비판하고 있다. 그러나 스위스의 성공적 국가 건설에 관해서는 별 언급이 없다.

스위스에는 공짜가 없다고 한다. 전해 내려오는 일화가 있다.

알프스의 마을에서 어렵게 살던 농부들이 편히 살게 해 달라고 열심히 기도했다. 어느 날 하늘에서 천사가 내려와 하나님이 농부들의 간절한 기도를 듣고 소망을 이루어 주기로 했다고 전했다. 농부들은 하나님께 감사하면서 부지런히 일해 알프스를 아름다운 휴양지로 만들었다. 수입도 늘고 생활도 안정되었다. 어느 날 천사가 다시 내려와 하나님의 말씀이 잘 이루어졌는지 조사해보러 왔다고 하자 농부들은 천사를 친절히 대접했다. 그리고 며칠 후 천사가 떠나게 되자 농부들은 하나님께 감사의 뜻을 전해 달라는 말과 함께 쪽지를 천사에게 내밀었는데 천사가 보니 자신이 묵었던 숙소의 청구서였다고 한다.

스위스는 가장 지방색이 강하고 배타적인 태도를 갖고 있다고 인식되기도 한다. 표준 독일어 대신 스위스 방언으로 회귀현상을 보이면서 스스로 차별화하는 데 대해서도 안과 밖에서 비판이 있다. '자기중심적 변방주의'라고도 한다. 외국인의 이민이 매우 까다롭고 정착도 쉽지 않다. 스위스가 아름다운 전원에서 최고의 삶의 질을 누리는 이면에는 이러한 어두운 그림자도 있다. 스위스의 두 얼굴이다.

그러나 스위스는 오늘날 누구도 인정하는 성공한 국가의 모습이며 이것이 스위스에 대한 사실에 더욱 가깝다고 생각한다. 다만 한국이 국가 건설 과정을 참고하기 위해서는 이러한 스위스의 두 얼굴에 대한 이해도 필요하다고 본다. 그래서 한국이 스위스의 성공을 그대로 모방할 수는 없다. '스위스의 얼굴을 한 한국'의 모습을 상정해야 한다.

스위스를 만든 스위스 정신

스위스의 산업화–민주화–국제화–선진화를 가능케 해준 요인은 다민족 복합문화의 이질성을 극복하고 정치적 안정을 이루면서 국가 경쟁력을 강화한 데 있었다. 이러한 성공은 바로 특유의 스위스 정신에서 비롯되었다. '다양성 속의 통일성'으로 대표되는 '스위스 정신'은 모든 체계에서 발현되어 안정된 경제사회, 정치체제를 구축할 수 있었다.

이러한 스위스 정신은 높은 수준의 사회 인프라와 연결되어 세계 최고의 경쟁력을 창출하면서 오늘날의 스위스를 건설한 핵심 요소다. 이러한 스위스 연방의 모습은 마치 여러 개의 기능을 각기 수행하면서도 단단하게 하

스위스 나이프

나로 통합된 '스위스 나이프'를 연상시킨다. 스위스 정신이 다양성을 통일성으로 단단히 묶어 작지만 아름답고 강한 국가를 만든 것이다. 그러면 스위스 국가 건설의 요체가 되는 스위스 정신은 무엇인가? 필자가 스위스에서의 생활과 경험을 통해 관찰한 바를 정리해 본다.

첫째, 독립성independence이다. 자유와 독립에 대한 강렬한 의지will이다. 뤼틀리 언덕의 동맹 서약과 빌헬름 텔 스토리를 통해 잘 알려진 스위스인의 자유와 독립에 대한 열망과 의지는 스위스의 역사와 함께 해 왔다. 쉴러의 희곡『텔』에 등장하는 "우리는 자유롭기를 원한다. 우리의 선조들이 그랬던 것처럼, 노예의 삶이라면 차라리 죽음을 선택해."라는 구절이 스위스의 독립성을 잘 대변해 주고 있다. 오늘날에도 스위스의 정치, 경제, 사회와 일상생활 속에 독립성이 녹아 있고 제도적으로 작동하고 있다. 특별히 스위스의 독립성을 강조하는 이유는 스위스가 개인(민족)·사회(칸톤)·국가(연방)의 3차원에서 각기 독립적이라는 점이다. 각 차원에서 서로가 독립성을 유지하고 있다는 점에서 다른 독립성과 차별화되는 스위스 특유의 독립성이다.

둘째, 중립성neutrality이다. 3차원으로 독립된 상태에서 스위스가

대외적으로 하나의 국가로 뭉치기 위해서는 다양성이 하나로 통일되어야 가능하다. 이러한 다양성과 통일성의 공존을 위한 상호조정의 균형점이 중립이다. 스위스 국민은 스위스의 대외적 독립과 칸톤의 국내적 독립이 양립할 수 있다고 생각하기 때문에 '하나가 되어야 한다.'는 필요성에도 인식을 같이하고 있다. 화합은 회피할 수 없는 스위스 정체성의 일부분인 것이다. 중립성이 다민족 다문화를 통합성으로 묶어 주는 린치핀linchipin의 역할을 하고 있는 것이다.

셋째, 타협성compromise이다. 다양한 독립체가 하나로 뭉치려면 상호 다른 이해와 갈등을 조정하는 협상과정이 필요하고 타협을 통해 합의점을 찾아야 한다. 스위스는 16~17세기 종교 갈등 시에는 종교선택의 자유와 대외적 중립으로 타협하고, 1848년 연방의 출범과정에서는 강자가 약자에게 양보하여 타협을 이루는 상생의 정치를 시현한 바 있다. 이러한 상생의 해결 방식이 스위스적인 타협이다. 통합을 위해서 또는 전체를 지키는 것이 필요하면 '사자의 몫Lion's Share'도 일부 양보한다는 것이다. 스위스는 '그 어떤 승자도 독식하지 않고, 모든 사람들이 뭔가를 얻는다.'는 원칙을 좋은 타협의 조건으로 인식하고 있다.

따라서 스위스적인 타협에는 누구도 완전한 승자는 없다. 누구도 얼마간의 이익은 있다. 비례와 배분의 원칙이 적용된다. 7명의 연방내각의 장관 선출에도 비례제와 할당제quota가 적용된다. 민족대표로 할당된 '황금분할magic formula'이다. 이 타협정신이 스위스의 '다양성 속의 통합성'을 가능케 해주는 또 하나의 린치핀 역할을 하고 있다. 스위스의 타협성은 한계가 없는 것은 아니지만 어려움에도 불구하고 타협 추구는 중단되지 않고 있다.

넷째, 자율성autonomy이다. 자유와 독립을 얻는 대신 각자가 자율적으로 책임과 의무를 다한다는 정신이다. 스위스의 자율성은 개인의 일상생활과 사회제도 전체에서 작동하고 있으며 스위스 정체성의 한 부분을 형성하고 있다. 국방의무와 함께 직장근무도 병행한다. 하나 더 보태면 사회를 위한 봉사정신도 추가된다. 국회의원직도 봉사로 인식한다. 칸톤과 게마인데의 공직자도 대부분이 봉사직이다. 3차원의 각 레벨에서 자율성이 생활화되고 각 제도에 반영되어 있다. 자신과 사회 그리고 국가에 대한 책임과 의무를 자율적으로 한다는 것이다. '싸우면서 일하고 봉사한다.'는 것이다. 화합concordance과 협동cooperation 그리고 나눔sharing의 정신은 스위스 정체성의 한 축을 이루고 있다.

다섯째, 실용성pragmatism이다. 특정 이념이나 가치보다는 실질적인 이익을 중시하는 스위스적 실용정신이 세계 최고 수준의 경쟁력을 만들었다고 할 수 있다. 많은 사람이 이용한다면 없는 길도 만든다는 실용정신을 가지고 있다. 마약 흡연도 일정한 공공장소를 지정해 허용한다. '필요가 미덕'으로, 필요하면 만들고 필요하면 혁신한다는 실용성이다. 스위스의 실용은 한걸음 더 나아가 '최소의 규모로 최대의 결과를, 최소의 비용으로 최대의 효과를 창출한다.'는 효율성을 강조한다. 이 실용정신이 스위스를 산업혁명 시대에는 농업국에서 산업국으로, 그리고 냉전시대에는 이념을 넘어선 평화와 대화의 장소로 만들었다. 실용정신으로 역사적 전환기를 발전의 계기로 삼은 것이다.

여섯째, 창의성creativity이다. 스위스의 지혜는 '관리가 창의력을 대신할 수 없고, 규제가 지도력을 대신할 수 없으며, 또한 좋은 두뇌가 개성을 대신할 수 없다.'는 말에 담겨 있다. 스위스의 산업은 시대에 앞서 끊임없는 혁신을 통해 발전했다. 시계 산업이 좋은 사례이다. 스위스는 기술 분야에서 뿐만 아니라 교육 분야에서도 혁신을 해 나가고 있다. 인구비례로 하면 노벨상 수상자도 스위스가 가장 많다. 산업기술에서 나아가 관리, 경영에 있어서도 창의성이 작용하고 있다. 창의와 혁신이 오늘의 스위스를 만든 국가 경쟁력의 원동력이라고 할 수 있다.

일곱째, 준비성preparedness이다. 유비무환有備無患의 정신이다. 위기 시 뿐만 아니라 평시에도 안보태세가 완벽하게 준비되어 있어야 한다는 것이다. '나라는 내 손으로 지킨다.'는 자율적 책임정신과 '필요하면 한다.'는 실용정신이 만나 유비무환의 정신을 창출한 것이다. 평시에도 안보태세에 만전을 기하고 있다. 스위스의 모든 건물에는 지하방공호가 있고, 비상시에 수개월 동안 생활할 수 있도록 준비되어 있다. 그리고 지하 방공호 시설은 건축법으로 명시하여 제도화했다. 평시에도 정신무장을 유지하면서 제도적으로도 안보태세에 만전을 기한다는 것이다. 미국 워싱턴 근교의 6.25 기념비에는 'Freedom is not free.' 비문이 각인되어 있다. 자유는 공짜로 주어지는 것이 아니라는 이 글귀를 스위스가 잘 대변해 주고 있는 것 같다.

여덟째, 근검성diligence & frugality이다. 부족한 자원과 강대국에 둘러싸인 지정학적 위치로 가난했던 스위스는 이민, 용병을 통해 어렵게 생존해 왔다. 이러한 척박한 조건과 환경을 극복하면서 쌓은 근면성, 성실성, 절약정신이 개인은 물론, 안정된 노사관계, 직업교육 등 사회 전반에서 재현되어 국가 경쟁력 제고의 중요한 한 축을 맡고 있다. 또한 스위스는 종교 개혁의 현장이었기에 칼뱅 등의 근검한 자유주의 사상에 영향을 받았다. 이 근검 정신은 스위스 사람들의 일상생활 속에 깊숙이 자리 잡고 있다. 한국도 근면함hard working은 뒤지지 않을 것이다. 그러나 스위스의 근검성을 강조하는 이유는 스위스 사람들이 최고의 부를 이루었지만 대부분 검소하게 생활한다는 것과 근면과 검소함이 개인의 일상생활뿐만 아니라 사회제도에도 반영되어 나라 전반에 걸쳐 작동하고 있다는 것이다.

제3장

여야가 없는 상생의 정치

한국 정치의 어제와 오늘

　앞서 말한 것처럼 한국은 개발도상국의 두 가지 목표인 산업화와 민주화를 가장 단기간에 성취한 나라로 높은 평가를 받고 있다. 머지않아 한국이 선진국 대열에 합류하게 될 것이라는 데 이의를 제기할 사람은 없을 것이다. 경제적으로는 이미 선진국의 문턱에 들어서 있다. 지난해 한국의 인구가 5,000만 명을 넘어서면서 미국, 독일, 일본, 영국, 프랑스, 이탈리아에 이어 7번째로 20-50클럽에 이름을 올렸다. 분단 상황임에도 불구하고 지난해 한국은 수출 5,550억 달러로 세계 7위, 무역 규모는 1조 달러를 넘어 세계 8위의 통상대국으로 도약했다.

　정치적으로는 권위주의 청산, 공정선거, 수평적 정권교체의 경험으로 제도적, 절차적 민주화를 성취했다. 그러나 아직 민주주의 체제와 가치가 정착된 것은 아니다. 이전투구의 대권정치, 정책 정당이 아닌 인치人治, 지역주의와 줄서기 정치, 사라지지 않는 이념 대립, 산업화와 민주화 세력 간의 끊이지 않는 과거사 논쟁 등 정치적 양극화를 극복하는 문제들이 산재해 있다. 국회에서의 난동과 이합집산 등 정치권의 구태를 청산하는 문제들도 있다.

　이러한 의미에서 2012년 12월 대통령선거는 대한민국 65년 역사에 있어 한 획을 긋는 정치적 사건이었다. 지난 대선은 1960년대 이후 개발독재의 산업화 세력과 그 후 20여 년간 꾸준히 성장한 민주화 세력 간의 대결전이었다. 대권 후보와 신구정치세력, 그리고 보수와 진보 진영의 총력전 결과는 우여곡절 끝에 52대 48 정도의 근소한 차이로 결판이 났다. 두 세력은 선거 결과에 승복했지만 정치권 모두가 결과를 재음미해 보아야 하는 여운을 남겼다. 산업화 세력은 자신이 더 이상 한강의 기적을 성취하는 데 허리띠를 조였던 헌신의 대가로 기득권을 주장하기 어려워졌고, 민주화 세력은 자유와 평등을 쟁취한 대가로 기득권을 주장하기 어렵게 되었다. 또한 산업화 세력이 민주화 세력을 압도할 수도, 민주화 세력이 산업화 세력을 심판할 수도 없다는 점을 인식하게 되었다.

따라서 앞으로 산업화와 민주화라는 프레임은 선거의 승리를 위한 정치적 슬로건이 될 수 없을 것으로 보인다. 더 이상 논쟁 대상이 될 수 없고 과거의 역사로써 평가받는 위치가 되었다는 것이다. 이번 선거 결과는 정치권과 유권자 모두 두 세력이 각기 그 시대에 있어 대한민국의 국가 건설에 긍정적으로 기여했다고 평가하는 데 반대할 수 없음을 상호 인식하는 계기가 되었을 것으로 보인다.

대선후보들의 정치적 경제적 양극화를 극복하려는 정책 공약들은 한국의 정치가 선진화 목표에 한걸음 다가서고 있음을 시사해 주고 있다. 대선은 이러한 의미에서 민주화가 제도적 단계에서 가치적 단계로 이동하고 있음을 보여주었다. 유권자들도 대선주자들의 인기영합 공약에 쏠림현상을 보이지 않고 자신의 판단에 따라 투표하는 성숙된 자세를 보인 점도 주목할 필요가 있다.

이제 반세기를 넘어선 한국 정치는 지난날의 문제점을 살펴보고 21세기 선진한국을 향해 힘차게 나아가야 할 때이다. 그 방향으로 나

아가기 위해서는 스위스와 같이 정치적 안정성이 먼저 확보되어야
한다. 역사적으로 국내외적 도전과 시대적 변화 과정을 경험하면서
정치 사회적 갈등을 극복해온 스위스의 경험은 한국 정치의 선진화
방향에 교훈을 줄 수 있을 것이다.

준 주권적 지방자치

스위스는 독일계, 프랑스계, 이탈리아계가 모여 살면서 각 민족의
문화적 정체성을 그대로 유지하고 있는 다민족 복합문화 국가이다.
그리고 국가형성 과정에 있어서도 알프스 자락의 지역들이 독립을 위
한 동맹 연합체를 구성해 만든 '아래로부터 세운 나라'이다. 그래서 절
대왕권의 시대를 거쳐 위로부터 주권재민의 민주주의로 전환된 한국
과는 다르다. 왕도 없었고 중앙집권의 전통과 경험도 없는 나라이다.

스위스는 15세기 종교혁명, 17세기 30년 전쟁, 19세기 나폴레옹
전쟁을 경험하면서 국내외적 도전에 직면했다. 국론분열로 인한 갈
등 때문에 동맹 해체의 위기를 맞곤 했으나 스위스는 강렬한 독립 정
신과 상생의 정치로 이 위기를 극복하면서 1848년 미국에 이어 두
번째로 연방 국가를 탄생시켰다. 스위스는 칸톤의 자치와 준 주권적
지위를 훼손하지 않고 그대로 유지해야 하는 국내적 여건과 산업혁
명 이후 주변의 환경 변화에 적응해야 하는 대외적 도전을 조화시키
는 정치적 타협을 통해 스위스형 연방 국가를 건설했다.

스위스 연방헌법은 정체를 연방-칸톤-게마인데의 3단계로 분산

시켰다. 우리의 중앙정부-광역자치단체-기초자치단체에 해당한다. 연방은 외교와 국방, 관세·통화·화폐, 우편·통신·대중매체·철도·항공 그리고 핵에너지 분야를 담당한다. 수력, 도로, 무역과 산업, 교육과 조세는 연방과 칸톤이 권한을 공유하고, 농업과 사법, 사회보장, 환경은 연방이 입법권을, 칸톤이 집행권을 갖는다.

스위스 정치에서 매우 중요한 역할을 수행하는 게마인데는 비록 연방헌법에 자세히 언급되어 있지는 않지만 고도의 자치권을 보유하면서 스위스인의 정치적 삶과 문화의 밑바탕을 이루고 있다. 스위스 국민은 연방-칸톤-게마인데에서 각각 대표를 선출하고, 각자의 법률이 규정한 권리와 의무를 가지며, 중요한 쟁점에 대해 투표권을 행사한다. 이런 의미에서 스위스인은 게마인데의 시민인 동시에 칸톤과 연방의 시민이다.

연방정부는 7개 부서로 제한되었는데, 외교부, 내무부, 법무부, 국방·민방위·체육부, 재무부, 경제부, 환경·교통·에너지·통신부로 구성된다. 교육은 지방정부의 고유권한으로 연방에는 교육부가 없다. 특이한 점은 경찰과 교회는 칸톤이 배타적 권한을 향유한다는 것이다. 1978년 연방정부는 연방통합경찰(BUSEPO)창설 안을 제시했으나 국민투표에서 압도적 표차로 거부되었다.

칸톤 정부는 입법, 사법, 행정권을 갖고 독자적인 헌법과 정부, 의회, 법원을 갖춘 준 주권적 독립국가 형태로 사실상의 스위스 주인이나 다름없다. 그래서 연방은 행정administer만 하고 칸톤이 통치govern한다고 한다.

또 하나의 특징은 기초자치단체에 해당하는 시·군 단위의 게마인데가 칸톤이 정한 법규 내에서 자치권, 입법권, 조세권을 위임받아 실질적인 칸톤의 행정 사무를 처리한다는 점이다. 권력의 무게 중심이 아래로 향하고 있는 것이다. 2010년 기준으로 2,636개의 게마인데가 있다. 이 게마인데는 스위스 직접민주주의의 원형으로 오랜 역사를 지니고 있다.

게마인데의 크기는 다양하다. 가장 작은 게마인데는 주민이 수십 명에 불과하고 가장 큰 게마인데는 수만 명의 주민으로 구성된다. 스위스는 외국인들이 가장 살고 싶어 하는 나라이지만 국적을 취득하는데 가장 어려운 나라 중의 하나이다. 스위스의 시민권은 게마인데 주민이나 의회가 표결로 결정하는데, 그 지역에 도움이 되지 않는 외국인에게 거주권을 주지 않기 때문이다. 게마인데가 결정하면 칸톤과 연방의 시민권을 획득하게 된다. 게마인데의 평균 인구는 약

게마인데의 주민회의

2,500명 정도이다. 그러나 입법·사법·조세권을 행사하는 실질적인 행정단위로서 스위스 행정의 기초를 이루고 있다.

연방헌법은 "게마인데의 자치는 칸톤법이 정하는 바에 따라 보장된다."고 규정하고 있다. 이에 따라 게마인데의 권한은 칸톤법에 의해 별도로 정해진다. 칸톤이 연방과의 관계에서 준 주권적 자치권을 누리듯이, 게마인데는 칸톤 및 연방과의 관계에서 준 주권적 자치권을 향유한다. 기초지방정부로서 게마인데는 지방도로, 공공교통체계, 예산, 과세 등에 대한 매우 광범위한 자치권을 행사한다. 게마인데가 칸톤 또는 연방과 비슷한 규모의 세금을 거두어들인다는 사실은 다른 나라에서는 찾아볼 수 없는 현상으로 게마인데의 위상과 중요성을 알 수 있다. 칸톤의 준 주권적 위상은 연방의 권한을 축소시켰지만 세월이 흐르면서 연방정부의 권한은 조금씩 증대되는 추세이다.

협동하는 중앙과 지방

19세기 연방주의자들과 칸톤주의자들 간의 대립은 연방과 칸톤 사이의 명백한 권력 분할을 초래했다. 그러나 이러한 권력분산은 세월이 흐르면서 연방-칸톤-게마인데 간의 긴밀한 협력을 요구하는 개념으로 바뀌었다. 사회가 복잡해지고 수많은 사회경제정책들이 추진되면서 칸톤과 게마인데가 연방의 입법과 정책을 집행하게 되었고, 연방-칸톤-게마인데 간에 광범위한 재정적 협력이 이루어졌다.

연방-칸톤-게마인데 간의 협력은 '권한이 가능한 한 최하위 수준의 정부에 배정되어야 한다.'는 이른바 보충성 원칙이 적용된다. 이 원칙에 따라 정부의 개입과 지원은 오직 사적 수단으로는 소기의 목적을 달성하기 어려울 경우에만 이루어진다. 정부의 개입이 필요한 경우라도 주민과 가장 가까운 게마인데에게 먼저 사무수행권한이 부여된다. 따라서 칸톤의 개입은 게마인데의 개입이 주민의 욕구를 충분히 충족시키지 못하는 경우에 한정되고, 칸톤의 능력을 벗어나는 사무만 연방정부에 넘겨진다.

그래서 오늘날 스위스의 거의 모든 연방정책은 칸톤과 게마인데에 의해 집행된다. 연방정부가 주민에게 직접 제공하는 공공서비스는 우편, 전화서비스, 연방철도 등에 불과하다. 대신 연방-칸톤-게마인데는 서로 긴밀히 협력한다. 연방정부는 칸톤에 생계보조금의 상당 부분을 지원하고 칸톤은 그 집행을 게마인데에게 위임하는 방식이다.

칸톤 간에 재정을 보상하는 협력 장치도 있다. 재정 보상은 부유하거나 가난한 칸톤 간의 재정 세입과 지출의 차이를 조정하는 역할을 한다. 예를 들어 산악지대 칸톤의 주민들이 이주를 원치 않는 경우, 산악지대 칸톤은 도시 칸톤과 경제적으로 경쟁할 수 없다는 문제에 직면한다. 도시 칸톤의 주민은 산악지대 칸톤 주민보다 경제 발전을 위한 출발점이 더 우월하기 때문이다. 이 경우 재정 보상을 통해 산악지대 칸톤이 다른 칸톤과 경쟁할 수 있는 능력을 제고할 수 있다. 일부 칸톤이나 지역사회가 다른 지역을 위해 업무를 진행하는 경우도 있다. 예를 들어 다른 칸톤과 지역사회 주민들이 이용할 수 있는 대학 교육과 같은 인프라 서비스를 제공한다. 이때 개인 단위로 서비스 비

스위스의 인구분포와 소득수준

	주(칸톤)	약어	면적(㎢)	인구(명)	외국인 비율(%)	기초자치 단체 수	공용어
1	취리히(Zürich)	ZH	1,729	1,181,600	21.1	171	독일어
2	베른(Bern/Berne)	BE	5,959	938,600	11.4	400	독일어, 프랑스어
3	루체른(Luzern)	LU	1,493	342,900	14.7	107	독일어
4	우리(Uri)	UR	1,077	35,800	8.8	20	독일어
5	슈비츠(Schwyz)	SZ	908	125,200	15.3	20	독일어
–	운터발덴(Unterwalden)	UW	767				독일어
6	– 옵발덴(Obwalden)	OW	(491)	31,800	10.7	7	독일어
7	– 니드발덴(Nidwalden)	NW	(276)	37,200	9.2	11	독일어
8	글라루스(Glarus)	GL	685	38,700	20.1	29	독일어
9	추크(Zug)	ZG	239	95,100	18.6	11	독일어
10	프라이부르크/프리부르 (Freiburg/Fribourg)	FR	1,671	229,900	13.7	249	독일어, 프랑스어
11	졸로투른(Solothurn)	SO	791	241,600	15.9	126	독일어
–	바젤(Basel)	BA	555				독일어
12	– 바젤슈타트(Basel Stadt)	BS	(37)	193,100	26.3	3	독일어
13	– 바젤란트(Basel Land)	BL	(518)	255,300	16.0	86	독일어
14	샤프하우젠(Schaffhausen)	SH	299	73,700	19.4	34	독일어
	– 아펜젤(Appenzell)	AP	416				독일어
15	– 아펜젤 아우서로덴 (Appenzell Ausserhoden)	AR	(243)	54,000	14.3	20	독일어
16	– 아펜젤 이너로덴 (Appenzell Innerrhoden)	AI	(173)	14,900	10.3	6	독일어
17	상트 갈렌(Sankt Gallen)	SG	2,026	443,900	18.9	90	독일어
18	그라우뷘덴(Graub ünden)	GR	7,105	185,500	13.7	213	독일어, 로망슈어, 이탈리아어

19	아르가우(Aargau)	AG	1,404	534,000	18.3	232	독일어
20	투르가우(Thurgau)	TG	991	225,400	19.2	103	독일어
21	티치노(Ticino)	TI	2,812	305,600	26.6	245	이탈리아어
22	보(Vaud)	VD	3,212	608,200	25.9	385	프랑스어
	발레(Valais)	VS	5,225	273,400	16.8	163	독일어, 프랑스어
24	뇌샤텔(Neuchâtel)	NE	803	165,400	22.3	62	프랑스어
25	제네바(Geneva/Genève)	GE	282	396,600	37.6	45	프랑스어
26	쥐라(Jura)	GU	838	69,400	11.9	83	프랑스어

출처:대한민국 외교부, Presence Switzerland

용을 책정하는 것이 아니라 칸톤 간에 상호 보상하는 것이다.

　재정 보상은 다양한 방식으로 진행한다. 첫째, 수평 재정 보상이다. 동급 기관 간의 보상, 예를 들어 부유한 칸톤과 가난한 칸톤 간의 보상 경우에 해당된다. 둘째, 수직 재정 보상이다. 상위 기관이 하위 기관에 보상, 예를 들어 연방정부가 칸톤에 보상하는 경우이다. 셋째, 과잉 재정 보상이다. 문화 서비스 인프라 부문에서의 보상으로 정액 교부금과 보조금이다. '그 어떤 승자도 독식하지 않고, 모든 사람들이 뭔가를 얻는다.'는 스위스적인 타협 방식이 정책에 반영되어 제도화된 사례라고 볼 수 있다.

　지방자치의 장점은 시민의식의 함양, 정치안정유지, 정부의 대응성 제고, 정책쇄신과 지역적 정책 실험의 고무, 능률성의 향상, 국토의 균형발전, 지역 갈등의 해소 등이라고 할 수 있다. 이러한 관점에서 스위스의 지방자치는 가장 모범적 사례이다.

　보충성 원칙과 재정보상의 원칙 그리고 비례의 원칙은 수도 기능의 집중화 현상을 완화하고 소외지역을 배려하는 기능을 한다. 나라 전체의 문제와 지역의 문제가 분리되어 사회갈등이 국지화되는 장점이 있다. 전체와 부분, 단체와 개인의 문제에 관계없이 이슈가 전국적으로 확산되는 한국의 쏠림현상과는 대조적이다.

인구도 전국적으로 수평 분포되어 있고 소득수준도 평준화되어 전국이 골고루 잘 사는 나라의 모범이 되고 있다. 다만 앞서 설명한 바와 같이 스위스는 외국인들이 가장 살고 싶어 하는 나라이지만 국적을 취득하는 데 가장 어려운 나라 중의 하나이다.

직접민주주의의 자율성과 효율성

스위스의 3단계 권력분산은 더 나아가 시민의 정치참여를 통해 권한이 개인 차원으로 분화되는 독특한 특징을 갖는다. 1874년 스위스는 헌법 개정을 통해 대의민주제와 함께 국민이 직접 정치에 참여하는 직접민주주의도 채택했다. 국민제안Popular Initiative과 국민투표 Referendum제도를 두 기둥으로 하고 있다. 국민제안은 18개월 이내 10만 명 이상의 서명으로 연방헌법의 개정을 요구할 수 있도록 하는 제도이다. 의회와 정부는 국민제안 원문을 변경할 수 없도록 되어 있다. 국민투표는 100일 이내 5만 명 이상의 서명으로 연방법률, 의회 결정, 국제조약 등에 의견을 개진할 수 있는 제도이다.

헌법개정, 국제기구 가입과 같은 주요 문제는 절대적으로 국민투표를 실시하여 결정하게 된다. 국민투표에서 가결되면 과반수 칸톤의 찬성을 받아야 하는 '이중다수결 원칙'이 적용된다. 법률 제정, 법안 신설과 같은 일반적 사항은 임의적 국민투표에 붙여 과반수 국민의 찬성으로 의사를 결정한다.

실제 국민 투표로 정책을 결정한 사례를 살펴보자. 1978년 제1차 오일쇼크가 발생하자 스위스 연방정부는 새로운 에너지 자원 확보가 절실해졌다. 첫 번째 조치는 수급장기계획 수립을 위한 전문가 위원회 구성이다. 이 위원회의 권고에 따라 연방내각은 1980년 연방정부의 에너지 정책수립이 가능할 수 있도록 연방헌법 개정을 제안했다. 연방의회는 다소 완화된 내용으로 헌법개정안을 의결해 1983년 국민투표에 회부했다. 이 안은 다수국민의 지지를 얻었으나 과반수 칸톤의 지지를 받지 못해 부결되었다. 1990년 연방정부는 보다 온건한 내용의 헌법 개정안을 마련하여 국민투표에 회부해서 다수 국민과 다수 칸톤의 지지를 얻어 통과되었다. 연방정부는 17년의 기간을 거쳐 원안보다 제한된 에너지정책에 대한 권한을 확보할 수 있게 되었다.

스위스의 칸톤과 국민이 에너지 정책에 대해서 중앙집권화에 강한 반대 의사를 갖고 있음을 확인할 수 있다. 이와 같이 직접민주주의 제도는 국내적으로 합의를 이루기 어려운 문제들을 해결해 주는 기능도 한다. 1986년 스위스 연방정부는 국제안보환경의 변화에 따라 국제평화유지를 위해 스위스의 UN 가입이 필요하다고 평가하고 국민투표에 회부했으나 투표자 75%의 반대로 UN 가입에 실패했다. 2002년 냉전이 종식된 후 다시 실시된 국민투표에서 투표율 57.8%에 54.55%의 찬성, 13개 칸톤의 찬성으로 간신히 UN 가입이 결정되었다.

또한 직접민주주의는 시민의 정치참여를 통해 자기 선택의 만족도와 책임정치를 함양함으로서 자율성과 효율성을 높여 경쟁력을 강화시키는 기능을 하고 있다. 그리고 국민은 이 의사결정 과정의 참여를 통해 자결권을 행사하면서 스위스 국민으로서의 자긍심을 갖게 된다. 결정은 느리지만 '깨지지 않는' 국민통합을 창출하고 있다. 스위스는 연방주의라고 할 수 있는 칸톤의 준 주권적 권한과 함께 국민이 직접 정치에 참여함으로써 개인의 효율을 최대한 높일 수 있는 1인 1표의 민주주의 정치체제를 구축하고 있다. 즉 권력의 무게가 위에 있지 않고 광역자치단체인 칸톤과 기초자치단체인 게마인데에 분산되고 더 나아가 개개인에게로 분화가 이루어져 민주주의의 꽃을 피우고 있다.

스위스는 3단계 수직적 권력분산과 직접민주주의를 통해 다양성과 정체성을 파괴하지 않으면서 깨지기 쉬운 이질적 요인을 정치적으로 통합하여 복합문화 속에서 정치적 안정을 이룩한 것이다. '다양성과 통일성의 공존'을 존중하는 타협성과 이러한 권력의 분산은 스위스 전역이 균형적 발전을 이루게 하고 정치, 사회적 갈등을 지역수준에 국지화시킴으로써 전국적 확산을 막는 역할을 하게 된다. 언어의 다양성조차 갈등의 분출을 담아두는 일종의 댐과 같은 역할을 하고 있는 것이다.

스위스 정치에는 여야가 없다

스위스의 민주주의는 의사결정을 다수결 원칙에만 의존하지 않고 합의consensus를 도출해 내는 상생의 정치를 구현하는 장점을 갖고 있다. 이러한 합의도출의 상생정치는 연방평의회(Bundesrat, Federal Council)라고 불리는 연방내각에 집약적으로 반영되어 있다. 4개의 주요 정당에서 '황금분할'이라고 불리는 2:2:2:1의 비율로 7명의 장관을 추천하고 연방의회에서 이들을 선출한다(2011년 선거에서의 비율은 2:2:1:1:1로 변화됨). 연방의 대통령과 부통령은 7명의 장관이 입각순서에 따라 1년 임기로 임무를 수행한다. 대통령은 명목상의 국가원수로서 외국사절의 접수 등 의전적인 역할만 수행한다. 사무실도 따로 없고, 자신의 장관실에서 일을 본다.

1년마다 대통령이 바뀌다 보니 청사의 경비원조차 누가 대통령인

스위스 총선 결과 (2011년)

정당	득표율	의석수	성향
국민당(SVP)	25.3%(−3.6%)	54(−8)	우파
사민당(SP)	17.6%(−1.9%)	46(+3)	중도좌파
자민당(FDP)	14.7%(−3%)	30(−1)	중도우파
기민당(CVP)	13%(−1.5%)	28(−3)	중도우파
녹색당(GPS)	8%(−1.6%)	15(−5)	좌파
녹색자유당(GLP)	5.2%(+3.8%)	12(+9)	중도좌파
보수민주당(BDP)	5.2%(+5.2%)	9(+9)	중도우파

출처:대한민국 외교부

지 구분하지 못하는 경우가 있다고 한다. 대통령이 전차나 버스로 출퇴근하는 것을 특별하게 인식하지 않는다. 청사 앞 슈퍼마켓에서 일상용품을 구입하는 대통령을 만나는 일도 종종 있다. 대통령을 알아보는 사람은 간단히 목례하고 지나친다.

정당과 정책을 달리하는 장관들이지만 7개 부서의 장으로서 연방 전체의 국정을 토의하고 의사를 결정해야 하기 때문에 당적에 관계없이 공·사 간 긴밀한 유대를 유지하면서 국가이익을 위해 공동 책임감을 갖고 임무를 수행한다. 평시에도 거국내각을 운영하고 있는 셈이다. 7명의 장관은 스위스 특유의 비례제와 할당제quota가 적용된다. 소위 정당에 의한 정치적 분할과 민족에 의한 문화적 분할이다. 7명의 장관은 독일계가 4명, 프랑스계가 2명, 이탈리아계 1명으로 구성된다.

저그 스타이너Jurg Steiner는 그의 저서 『Power-Sharing: Another Swiss "Export Product"』에서 다음과 같이 말했다.

"미국 독자는 스위스의 권력 분배가 미국에서는 위헌인 할당제가 아닌가 생각할 것이다. 미국의 차별 철폐 조치의 경우 미국 법원은 목표를 설정하는 것은 허용하지만 할당제는 불허한다. 그러나 스위스는 대부분의 경우 할당제를 운용하고 있으며, 법원은 여기에 개입하지 않는다. 스위스 정치사상에 따르면 개인뿐 아니라 단체도 권리가 있다. 예를 들어 프랑스어 사용자는 최고위 육군 장교에 포함될 권리가 있다. 프랑스어를 사용하는 3성 장군이 은퇴하면 그를 대체할 인물은 프랑스어 사용자로 제한된다. 그러나 스위스인들은 독특한 권력 배분 제도를 도입함으로써 발생하는 이런 대가를 치를 의향이 있다. 하지만 그 대가가 매우 크다고 생각할 필요는 없다. 실력이 더 뛰어난 독일어 사용자 후보는 전임 독일어 사용자 3성 장군이 은퇴할 때까지 기다리면 되는 것이다."

연방의회와 연방의원

스위스의 연방의회는 미국과 같이 상·하 양원제로 상원은 칸톤을 대표하며 각 칸톤에서 2명의 의원을 선출하고, 하원은 선거구 주민을 대표하는데 200석으로 구성된다. 양원은 동등한 권리와 의무를 갖고 있다.

스위스 의회는 전반적으로 중요한 정치적 결정을 내린다. 의회 입법에는 헌법, 입법, 규제의 세 분야가 있다. 또 상원과 하원은 예산과 재정을 결정하고, 국제 협정을 승인한다. 법안은 의회에 제출되기 이전에 사전협의pre-parliamentary 결정 과정을 통해 법안의 핵심사항을 결정한다. 그럼에도 불구하고 의회는 여전히 핵심 기구이다. 의회는 정치적 아젠다를 구성하고, 제시된 법안을 검토하고 수정한다. 또한 의회는 연방 정부와 그 기관의 활동을 감독하는 기능도 한다. 이를 위해 의회에는 정기적 통제를 위한 상임 위원회가 상설되어 있다.

정당은 선거를 통해 의원을 배출하는 기능과 지지율에 따라 연방 의회에 7명의 장관을 추천하는 기능 그리고 의회에서의 책무를 감당 하는 기능을 갖는다. 한국에서와 같이 집권을 위해 투쟁하는 정치는 존재하지 않는다. 스위스는 합의를 하지 못하면 정치의 제도권이 실

연방의회 내부

종되기 때문에 정당과 의원은 있지만 여야의 개념은 없다.

의원의 90% 이상이 직업 정치인이 아니라 본업을 갖고 있으며, 본업에 반, 의정활동에 반을 할애한다. 의원들에게 제공되는 사무실이나 보좌관도 없다. 특권의식도 권한도 별로 없다. 한 달 봉급 500만 원 정도에 보좌관 인건비 250만 원을 받는 것이 고작이다. 단, 공식 활동을 위해 기차를 자유롭게 이용할 수는 있다. 금배지도 없고 의원 신분증만 지갑에 넣고 다닌다. 모든 의원은 국민의 존경으로 보상받는다고 생각한다. 의원직을 직업이 아닌 봉사활동으로 인식하고 있기 때문이다.

정치적 영웅이 없는 나라

또한 스위스는 개인을 정치적 영웅으로 만들지 않는 전통을 갖고 있다. 개인은 평등하다는 인식과 함께 외부로부터의 개입과 통제를 극히 싫어하기 때문에 개인이나 집단에 권력이 집중되는 것을 경계한다.

2007년 총선 때의 일이다. 블로허Blocher 국민당 당수는 억만장자에 카리스마를 겸한 우파 정치인으로 국민 지지율을 20%에서 30%까지 끌어올려 스위스 정당사상 가장 높은 지지율을 확보했다. 그는 이러한 성공을 배경으로 당의 몫인 2명의 장관을 3명으로 해줄 것을 주장했으나, 자신의 당 내외로부터 견제를 받다가 의원선거에서도 탈락하고 당수에서도 물러나야 했다.

「리더스 다이제스트(Reader's Digest)」가 직업인에 대한 스위스 국민의 신뢰도를 조사했는데, 스위스 사람들도 정치인에 대한 신뢰는 최하위인 것으로 나타났다. 1위는 경찰관(94%), 2위는 비행기 조종사(93%), 3위는 소방관, 4위는 의사, 5위는 농부였으며 정치인은 제일 낮은 20위로 15%밖에 신뢰하지 않았다.

스위스는 중앙집권주의와 지방분권주의 간의 갈등, 자유와 보수의 갈등, 신교와 구교의 갈등, 문화적 이질성으로 인한 갈등을 타협과 합의 그리고 소수에 대한 배려와 양보로 극복하고 국민화합을 이룬 정치적 전통을 확립했다. 스위스인의 긍지는 세계최고수준의 1인당 국민소득이라는 경제적 성취나 알프스의 수려한 경관 또는 높은 삶의 질이 아니라, 자신이 국가 건설과 의사결정에 참여하는 정치체제에 대한 깊은 신뢰와 애정에서 비롯된다고 한다.

스위스의 지방자치제도를 연구한 한 학자는 '스위스의 국민 통합은 오랜 진화과정을 거쳐 형성된 문화적 산물이라기보다 공존과 상생의 정치 제도와 정치적 결사에 대한 구성원들의 애착과 의지의 산물로 아래로부터 쌓아올린 것'이라고 말했다. 오늘날 스위스의 성공이 정치적 안정에 기초하고 있다는 점을 잘 설명해 주고 있다.

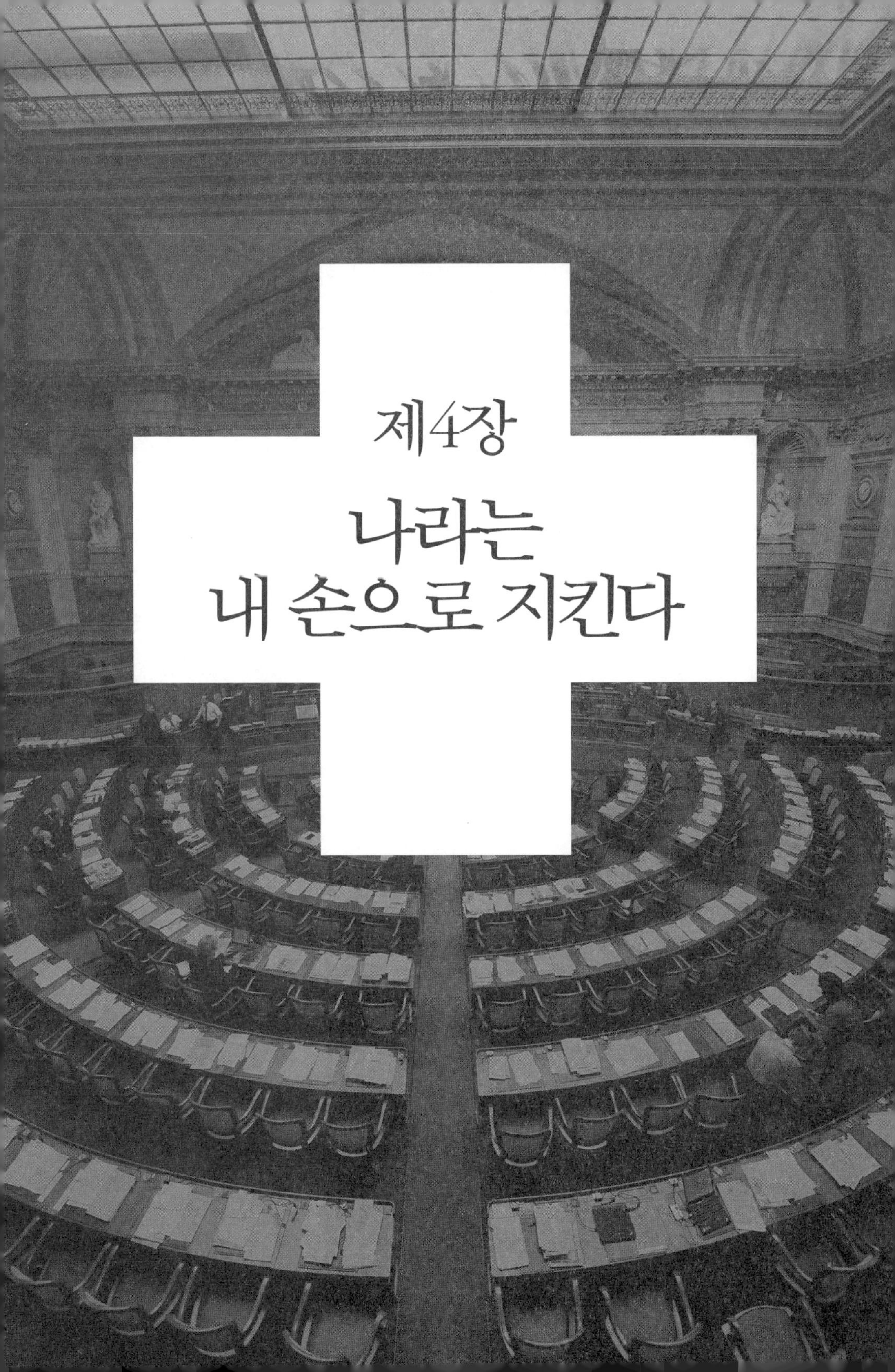

제4장

나라는
내 손으로 지킨다

동북아의 역사는 반복되는가?

2008년 미국 월가의 금융파동 이후 국제사회의 화두는 미-중시대 G2로 요약된다. 중국의 경제규모가 2010년 일본을 앞질렀고 2025년 경에는 미국을 추월할 것이라는 전망 때문이다. 팍스 차이메리카Pax Chimerica라는 신조어도 등장했다. 신자유주의를 등에 업은 미국의 워싱턴 컨센서스는 저물고, 중국식 경제성장을 우선하는 베이징 컨센서스가 떠오르고 있는 것이다. 국내적으로는 부상하는 중국과 쇠퇴하는 미국 사이에 샌드위치가 된 한국의 외교, 안보전략에 대한 우려가 높아지고 있다.

그러나 G2는 다소 과장된 측면이 있다. 중국과 미국은 한반도의 현재와 장래에 가장 큰 영향을 줄 수 있는 나라이기 때문에 우리에게 보다 민감하게 인식되는 경향이 있다. 미국과 중국은 이중적 관계를 갖고 있다. 정치적으로는 이해가 충돌하는 갈등 관계이지만 경제적으로는 상호의존 관계에 있다. 중국은 미국과의 무역으로 돈을 벌잉여 달러로 미국의 국채를 사들이는 상호보완적 구조를 갖고 있다. 한 배에 타고 있는 불편한 관계라고 볼 수 있다.

미국과 중국은 경제력, 군사력, 과학기술, 소프트파워 등 종합적인 국력을 고려할 때 여전히 큰 차이를 보이고 있다. 중국의 1인당 국민소득은 미국의 약 1/10 정도이다. 미국의 국민총생산GNP은 세계총생산의 약 1/4로 독일, 영국, 프랑스, 이탈리아의 합보다 많다. 중국이 이제까지와 같이 빠른 경제성장 속도를 유지하고 성장에 따른 지역 간, 계층 간 부의 불균형 문제를 해소하면서 소득증대에 따른 자유 민주화의 사회적 확산을 잘 관리해 나갈 경우 2030년경에는 미국의 패권을 위협할지 모른다.

한반도 주변에는 미국과 중국 이외에도 러시아와 일본이 있다. 2030년경에는 러시아의 부상도 예견된다. 러시아의 과학기술은 세계적인 수준이고 시베리아의 엄청난 지하자원을 동원하면 경제성장은 시간문제이다. 계획경제에서 시장경제로 전환되는 과도기적 상황에서 성장이 다소 지체되고 있을 뿐이다.

일본은 어떤가? 잃어버린 10년과 경제침체 그리고 60년 자민당 독주의 해체와 정치적 불안정이 일본의 위상을 흔들고 있다. 그러나 경제의 양과 질을 감안하면 여전히 제2의 경제대국이다. 핵무기를 제외한 재래식 군사력은 세계 3~4위 수준이다. 천재지변이 계속되지 않는 한, 일본의 총체적 국력은 상당기간 세계 4위권에 머물러 있을 것이다.

한반도는 이러한 주변세력의 부침에 따라 이해가 교차되는 전략적 요충지에 자리 잡고 있다. 그래서 역사적으로 전쟁터가 되어야 했던 비극적인 역사를 지니고 있다. 폴 케네디Paul Kennedy 교수의 언급처럼 한국은 '네 마리의 코끼리에 둘러싸인 작은 동물'의 모습이다. 네 마리의 코끼리 중에서 한 마리가 움직여도 다른 세 마리가 함께 뛰어 한반도는 희생이 될 수밖에 없는 '지정학적 핸디캡'을 갖고 태어난 것이다.

한국은 오늘날 경제와 군사력 모두 10위권의 중견 국가middle power로 발전했지만 한반도는 여전히 분단되어 있고 북한은 핵을 개발하고 있다. 한반도 주변의 네 나라는 세계의 4강이라고 해도 과언이 아니다. 미국·일본의 해양세력과 중국·러시아의 대륙세력은 과거와 같이, 앞으로도 갈등 관계에 있을 가능성이 높다. 한국의 안보여건과 독립 안정성은 앞으로도 계속 취약한 상태에 있게 될 것이다. G4의 부활로 '구한말의 역사가 반복되는가?' 하는 우려가 제기되는 이유이다.

한반도와 같이 강대국에 포위된 약소국이지만 성공적으로 국가를 건설한 나라가 스위스이다. 프랑스, 독일, 이탈리아, 오스트리아(과거의 합스부르크)에 둘러싸여 한국과 유사한 지정학적 여건에 있으면서도 고난의 역사를 극복하고 오늘날 새로운 역사를 쓰고 있다. 이러한 의미에서 스위스의 성공 사례를 연구해 보는 것은 의미 있는 일이다. 그러나 스위스의 성공이 자연의 혜택 때문이라고 생각하는 것은 단견이며, 특히 영세중립 지위가 스위스의 독립을 보장해 주고 있다고 생각하는 것은 그릇된 인식임을 먼저 지적해 둔다.

스위스 안보의 뿌리는 자결과 무장

스위스는 유럽 강대국의 중심에 위치한 전략적 요충지로서 과거 로마제국 시대부터 로마로 통하는 육로는 스위스의 험준한 알프스의 산길을 넘나들어야 했다. 또한 스위스는 바다가 없는 내륙국으로 여러 민족이 모국과 접경한 지역에 모여 살고 있어서 주변 국가 간에 갈등이 시작되면 곧바로 스위스 내부로 점화되어 일촉즉발의 위기를 맞는 역사의 경험을 반복했다.

칼뱅과 쯔빙글리

　15세기 유럽의 종교혁명이 일어나자 각 나라는 가톨릭과 개신교로 나뉘어 종교적 투쟁뿐 아니라 정치적, 군사적 갈등의 상황을 겪게됐다. 프랑스에서 쫓겨난 신교도들은 스위스에 와서 혁명과업을 계속했는데 칼뱅과 쯔빙글리가 대표적 인물이다. 스위스는 신·구교 국가들의 이해가 충돌하는 시험대가 되고 스위스의 칸톤들은 신·구교 간 내분에 휘말려 동맹연합이 해체될 상황에 직면하게 되었다. 위기에 처한 칸톤의 지도자들은 회합을 갖고 내부적 단합을 위해 종교는 각 칸톤이 자유로 선택하되 대외적으로는 종교 분쟁에 중립을 지키기로 정치적 타협을 이루어낸다.

　정치적 타협에 의한 내부적 단합과 대외적 중립은 스위스의 생존 자구책으로써 외교와 안보의 근간을 이루게 되고 자결주의 중립의 역사적 기원이 되었다. 각 칸톤은 주변 세력의 영향에도 불구하고 그 합의에 따라 유럽의 분쟁에 중립을 유지하는 전통을 확립한다. 유럽은 종교혁명 이후 신·구교간의 분열이 정치적 갈등으로 확대되고, 1617년 30년간의 종교전쟁으로 비화된다. 스위스는 자결주의 안보 방침에 따라 군대를 동원하고 침공 가능성이 있는 국가와의 국경에 군대를 배치하여 결연한 항전의사를 보였다. 전력낭비를 우려한 강대국들은 침공 계획을 포기했다. 자결과 무장 중립의 전통이 30년간의 전화에서 스위스를 지켜낼 수 있었다.

무장 중립의 혜택을 확인한 스위스 칸톤의 지도자들은 연방단위의 모임Wil 회의을 갖고 중립과 무장의 필요성을 결의한 후 군사방위협정을 체결했다. 이 협정으로 스위스는 무장 중립을 제도화했다. 30년 전쟁을 마무리한 1648년의 베스트팔렌 조약에서 스위스는 무장 중립국가로 승인받게 된다.

주변 강대국의 합의에 의한 영세중립

프랑스 대혁명을 겪은 유럽은 얼마 못 가서 나폴레옹 전쟁에 휘말린다. 스위스는 중립을 지키려 했으나 알프스를 넘어온 나폴레옹군을 물리칠 수는 없었다. 자발적은 아니지만 스위스군은 나폴레옹군에 동원되고 스위스는 전쟁터가 되어야 했다. 1812년 나폴레옹군이 퇴각하기 시작하자 스위스는 대내외적으로 중립을 선언했다. 전후 처리를 위한 빈 회의(1815년)에서 강대국들은 스위스의 영토불가침과 영세중립 그리고 무장 중립에 동의하고 이를 문서화함으로써 국제법상 효력을 갖는 최초의 영세중립 국가가 탄생했다.

규범과 제도로서의 영세중립은 ① 조약 또는 국내법에 의하여 자위의 경우를 제외하고는 영구히 전쟁에 참여하지 않고 중립을 지키며 ② 동맹 조약과 같은 전쟁에 개입하게 될 우려가 있는 의무를 지는 조약의 당사자가 되지 않으며 ③ 관계 국가들에 의해 독립과 영토 보전 및 중립적 지위를 보장받는 것이다.

프랑스 대혁명과 영국의 산업혁명은 스위스에도 많은 영향을 미쳤다. 스위스의 여러 칸톤이 산업화되면서 개신교로 전향하고 신교의 자유-진보 세력이 정권을 잡게 되자, 신·구교 간의 갈등이 재현됐고 1847년 내란으로 발전했다. 동맹해체의 위기를 느낀 신교의 진보세력은 스위스의 단합과 중립의 필요성을 다시 인식하고 소수의 보수(가톨릭)세력 의견을 수용하여 권력의 분산과 칸톤의 자치권을 존중하는 타협을 이루어 냈다. 정치적 타협과 대외적 중립의 전통이 작동한 것이다.

세계대전과 무장 중립

1914년 제1차 세계대전이 발발했을 때 스위스는 전 국토가 전쟁 당사자들에 의해 포위되었다. 스위스는 무장 중립에 따라 군대를 동원하고 방어요새를 구축했다. 그리고 전쟁의 어떤 당사자도 스위스의 영토 통과를 허용치 않는다고 선포했다. 전쟁 당사자들도 전시중립을 명문화한 헤이그 협정Hague Convention(1907년)에 따라 스위스의 중립과 영토 불가침을 존중한다고 밝혔다.

문제는 내부에서 발생했다. 독일계 군 최고사령관이 친 프로이센 태도를 보이자 프랑스계가 분노했다. 국방의무에 동원된 군인들의 불만과 정당 간의 이견으로 국론이 분열됐다. 전쟁 불황으로 스위스 경제는 위축되고 레닌 공산주의 혁명에 영향받은 노동자들의 파업동맹으로 정치, 사회적 혼란이 야기됐다. 스위스 연방은 각료 해임 등 내부 단합을 위한 강력한 조치를 취해 정치, 경제적 타협을 이끌어 다시 위기를 극복할 수 있었다. 오늘날 스위스에서 노사분규, 노동쟁의를 거의 볼 수 없다. 이유는 이러한 중립성과 노·사·정 간 타협 정신 때문이다.

1939년 제2차 세계대전에서는 상황이 달라졌다. 불과 1주일 만에 프랑스의 마지노선은 무너지고 나치군은 파리를 점령했다. 자존심 강한 스위스 내 프랑스계는 동요하고 국론 분열과 민족 충돌의 위기에 직면했다. 스위스는 슬기롭게 군 총사령관으로 앙리 기상Henri Guisan 프랑스계 장군을 임명했다.

나치군이 프랑스, 오스트리아, 이탈리아를 손아귀에 넣자 스위스는 나치군에 포위되었다. 히틀러는 유럽의 효과적 지배를 위해서는 그 중심에 위치한 스위스 점령이 필요했다. 새로이 발견된 문서에 의하면 히틀러는 프랑스 진주 이후 곧장 작전명 '타넨바움Tanneubaum'으로 알려진 스위스 침공 계획을 수립했다. 중립국 침공의 비난을 받을 수 있지만 이미 전 유럽을 점령

앙리 기상 장군

알프스의 전원 마을, 주택 지하에 무장요새가 있다
©Artilleriewerk-Faulensee

한 상황에서 작은 스위스의 점령은 시간문제에 불과했다.

스위스는 나치군에 의한 침공 가능성이 예견되자 알프스 전역에 배수진을 치고 끝까지 저항하는 전략Reduit Strategy을 세우고 알프스의 요로에 지하 요새를 개수하고 새로이 건설했다. 그 숫자가 2만 3,000여 개에 이른다. 현재 박물관으로 공개된 요새의 모습은 오늘날에도 놀라움을 금할 수 없다. 스위스는 무장 중립을 선포하고 나치군이 침공하면 '오랜 기간에 걸쳐 큰 대가를 치르게 될 것'long and costly이라고 경고했다. 히틀러는 결국 스위스 침공을 포기했다.

중립의 진화

스위스는 중립이 국내외적으로 확고히 자리잡으면서 중립국의 역할을 전통적인 전시 중립에 머물지 않고 인도주의 영역으로 확대했다. 그 첫 번째 조치가 전쟁 희생자를 돌보는 인도적 구호 분야였다. 계기는 1859년 스위스 청년 사업가 앙리 뒤낭Henri Dunant의 적십자 활동이었다. 이 적십자 활동을 중립국 스위스의 이미지와 연결시켜 국제적으로 확산시켰다. 국제적십자사(ICRC)의 창설을 주도하고 본부를 제네바에 유치했다. 적십자기는 스위스 국기와 똑같고 바탕과 십자가의 색깔만 바꾸어 놓았다. 국제적십자 본부의 제네바 유치 이후 UN사무소를 포함한 수많은 국제정치·경제·문화·스포츠 단체가 본부를 스위스에 두었고 다양한 국제회의가 스위스에서 개최되고 있다.

스위스는 평시의 적십자 활동뿐 아니라 1871년 보불전쟁Franco-

앙리 뒤낭과 국제적십자 본부

Prussian War 시에도 인도적 구호 활동을 전개했으며, 동東프랑스 군대의 부상자와 포로를 스위스에 수용하여 돌보는 전시구호 조치를 취했다. 이러한 구호 조치는 국제사회에서 스위스의 중립 이미지를 확고히 했을 뿐 아니라 국가 이미지를 한층 높여 주었다.

제2차 세계대전까지는 자위와 세력균형을 위한 무력사용이 정당화되었으나, 종전 후 UN 헌장은 전쟁을 불법화하고 UN의 집단강제조치로 전쟁 도발국을 응징하도록 규정했다. 스위스는 '국제평화는 국제협력을 통해 가능하다.'는 입장에 따라 중립국의 역할을 인도적 구호와 함께 국제적 평화유지활동에 참여하는 '능동적 중립'으로 범위를 확대했다. 스위스는 1995년 보스니아에 평화유지군을 파견했다. NATO의 회원국은 아니면서도 NATO의 평화유지활동PfP, Partnership for Peace에는 참여하고, 같은 맥락에서 2000년 코소보 위기 시에도 평화유지군을 파견했다.

핵무기의 등장으로 스위스는 핵무장으로 영토를 방위할 수 없게 되었다. 스위스 여론, 특히 젊은 세대에서는 스위스의 병역의무와 방위세 과다 등을 이유로 비무장 중립을 지지하는 비율이 상승하고 있다. 그러나 개병제와 병역의무는 존치되고 핵전쟁과 핵 오염에 대비한 3,500여 개의 지하 방공호 시설을 완비하여 유사시 전 국민이 대피하여 수개월간 생활할 수 있도록 대비하고 있다.

스위스는 군사동맹(예:NATO)이 아닌 국가연합, 국제기구의 회원국 가입은 중립과 양립할 수 있다고 해석한다. 영세중립국 오스트리아가 UN에 가입하였고 UN의 강제조치와 영세중립이 양립할 수 있다는 해석이 유력해짐에 따라 스위스 국내에서도 UN 가입 문제가 검토되었다. 1986년에 연방정부는 UN 가입을 국민투표에 회부하였으나 거부되었다. 2011년 9.11테러 이후 국제안보환경의 변화와 국제협력을 통한 평화유지의 필요성이 점증됨에 따라 2002년 재투표를 해서 UN 가입을 결정했다.

스위스의 중립과 안보

오늘날 스위스의 번영은 단단한 안보가 기반이 되고 있다. 스위스가 대외적 독립의 안정성을 유지하고 있는 안보의 원동력은 무엇일까?

첫째, 국내외적 중립이다. 중립이 국민적 컨센서스이고 초당적 합의이다. 그리고 합의에 의한 상생의 정치이다. 중립에 대한 정치적 합의는 국내적으로는 다민족 복합문화의 상충하는 이해를 조정해 주

한국과 스위스 군악대 공연

는 린치핀 역할을 담당하고, 대외적으로는 국제정세 변화와 위기상
황에서 초당적 외교를 구사하는 순기능을 하고 있다.

둘째, 자결과 무장 안보의 역사와 전통이다. 스위스는 각 민족이
자결주의로 중립을 합의하고 무장으로 중립을 지킨다는 약속을 변함
없이 굳건히 지켜낸 것이다. 변화하는 주변 정세에 영향을 받을 수밖
에 없는 약소국의 한계를 극복하고 스위스의 단합과 독립을 유지한
것이다.

셋째, 안보 태세에 대한 제도적 장치이다. 병역의무제, 민방위제,
방위세, 지하 방공호 건설 등 민감한 안보문제도 국민이 직접 참가하
는 국민투표로 결정한다. 그래서 제도화된 안보의 책임과 의무에 대
해 연방과 칸톤 그리고 국민 각자가 이를 준수하게 된다. 오늘날 탈
냉전 시대에도 스위스의 징병제와 민방위제에 대한 국민적 지지는

변함이 없다. 1989년 징병제에 관한 국민투표가 실시되었는데 64% 가 계속 지지를, 34%가 폐지를 원하는 것으로 나타났다. 탈냉전의 국제환경 변화와 젊은 세대의 분위기가 많이 반영되었으나 안보의식에 대해서는 과거와 큰 차이가 없었다.

넷째, '나라는 내 손으로 지킨다.'는 결연한 안보의식이다. 스위스에서 중립은 필요한 정책이지만 스위스와 자신의 안전을 지켜준다고 믿는 사람은 찾아보기 힘들다. 규율에 따라 모든 군인은 매년 사격 훈련을 의무적으로 하고 개인에게 지급된 화기와 장비를 관리하며 소집 복무를 전후해서는 체력단련도 하도록 규정하고 있다. 스위스 청소년들은 군 입대 전에 자율적으로 사격연맹, 군악연주, 낙하산 정찰 등 군복무와 관련된 동호회에 가입해서 사전 훈련에 임한다.

다섯째, 중립정책의 목표는 중립이 아니라 독립이다. 중립은 정책일 뿐이고 무장이 독립을 지켜준다는 것이다. 그래서 스위스는 군대를 보유하고 있는 것이 아니라 스위스 자체가 하나의 군대라고 한다. 스위스 남자는 의무적 군 복무기간을 마친 후 누구나 자신의 집에 권총과 자동화기(자동소총) 그리고 50발 정도의 탄약을 각자 비치하고 관리하며, 병역기간 중의 훈련은 물론 병역의무 이후 민방위 훈련 시에도 자신의 장비로 참가한다. 2009년 탄약은 더 이상 집에서 보관치 못하도록 법이 개정되었는데 그 이유는 가정에서 이 총탄으로 청소년이 자살하는 사건이 자주 발생했기 때문이었다.

한반도 중립 논의와 스위스의 교훈

한반도의 중립은 19세기 말 제국주의 시대에 서구열강이 한반도에 진출하면서 제기되기 시작했다. 유럽의 국제정치와 스위스의 사례를 염두에 둔 한반도의 중립안으로 볼 수 있다. 그러나 한반도 주변 강대국 간에는 한반도의 중립에 의견이 일치하지 않았고, 청·일, 러·일 전쟁을 통해 한반도는 식민지화되었다.

국내에서는 1885년 최초의 미국 유학생 유길준이 중립론을 제기한 바 있으나 주목받지 못했고, 해방 후 미·소 협상이 진행되던 시기에는 미·소 양군 철수와 미·소·영·중의 중립보장 안이 제기된 바 있다. 6.25 전쟁 휴전과 제네바 정치회담에 즈음해서는 미 국무부에서도 통일·중립 한국을 검토한 적이 있다.

4.19 민주항쟁 이후에는 일부 대학생, 진보 정치인들이 냉전 하에서 미·소 간 타협과 중립가능성을 전제로 중립논쟁이 있었으나 공론화되지 못했고, 1970년대 데탕트 이후 남북대화가 시작되면서 미국의 브레진스키, 라이샤워 등이 한국 중립론을 제기한 바 있다. 최근에는 중립과 통일을 연계하여 선 통일·후 중립, 선 중립·후 통일, 체제수렴 후 영세중립 등과 같은 연계론이 일부 학자들에 의해 제기되기도 했다.

중립을 한국 또는 한반도에 적용해 보는 구상은 훗날 G2 시대가 가시화되기 시작하면 다시 힘을 얻게 될 가능성이 있다. 이런 의미에서 스위스 중립정책의 성공사례를 검토하는 것은 의미 있는 일이지만, 스위스와 한국은 상이한 점도 많기 때문에 스위스의 중립을 그대로 모방해서는 안 된다.

먼저 스위스와 한국은 역사적 배경이 상이하다. 한국은 역사적으로 동아시아의 유교적 가부장질서인 사대교린事大交隣의 단극체제에 익숙한 전통을 갖고 있다. 이것은 자국의 안보를 초강대국과의 안보동맹에 의존하는 것을 의미한다. 그러나 스위스의 안보는 유럽의 힘의 정치power politics와 다극체제의 세력균형balance of power 질서에서 형성되었다는 차이점을 염두에 두어야 한다. 따라서 스위스의 중립 사례를 한반도에 그대로 적용할 경우 그 적응성이 문제된다.

스위스는 중립에 대한 정치적 합의 도출의 전통과 확고한 국민적 지지가 존재한다. 그리고 스위스에는 이러한 합의 도출을 가능하게 해주는 직접민주주의의 제도적 장치가 운용되고 있다. 그러나 한국은 정치적, 국민적 합의를 이룬 경험이 미흡하다. 제도적 장치도 미흡하다. 역사에 보이는 사색당쟁 뿐 아니라 오늘날에도 안보문제와 관련해 동맹파와 민족파, 포용론과 원칙론 등으로 국론이 분열되는 경향이 있다.

또한 한국은 스위스와는 달리 분단의 현실과 통일의 문제가 있다. 남북한이 정치적 타협을 통해 통일을 이룰 가능성은 희박하다. 지난 날을 돌이켜 볼 때, 합의를 거쳐도 이를 지켜낼 수 있는 상호신뢰가 미비하다. 중립은 한미동맹의 폐기를 전제로 하므로 안보상의 현재적 실효성이 검증되지 않은 중립의 논의나 가설적인 주장은 오히려 한국의 안보를 취약하게 할 수 있다.

스위스 주변국들은 스위스의 중립에 비교적 일치된 이해를 갖고 있다. 그러나 한반도 중립화에 대해 주변국의 입장이 일치할 가능성은 많지 않다. 역사적으로 보면 더욱 그렇다. 일시적으로 일치한다 해도 힘과 정세가 변화할 경우 합의의 지속성과 실효성은 매우 불확실하다.

한반도의 중립화 논의는 대내외적으로 여건이 성숙되지 못했다고 볼 수 있다. 중립과 통일의 연계는 이상적 방안이 될 수 있으나, 현실적 대안으로서는 미흡하다. 현재로는 국내적으로 안보와 통일에 대한 정치권의 타협 역량을 축적해 가면서 국민적 지지를 확보하기 위한 노력이 선행되어야 할 것이다.

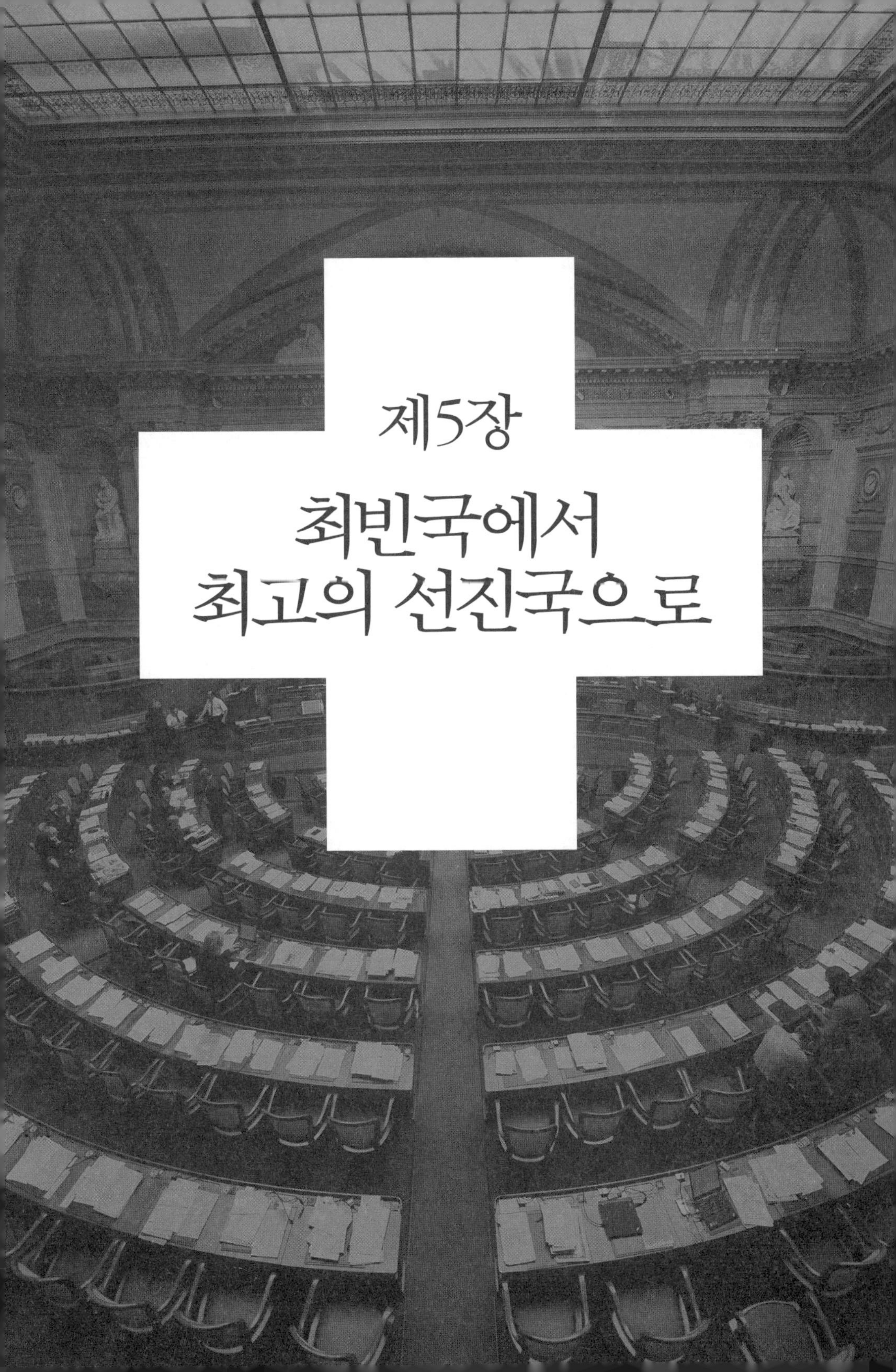

제5장

최빈국에서
최고의 선진국으로

가난과 용병

　스위스는 인구 780만 명, 면적은 남한의 40%(경상도와 전라도를 합친 크기) 정도의 작은 나라로 국토의 75%가 산과 호수이다. 지하자원도 없어 인적자원이 유일한 자산이다. 독일, 프랑스, 이탈리아, 오스트리아에 둘러싸인 내륙국으로 외세에 시달리면서 그 영향을 받아야 했던 비극적 역사를 갖고 있다. 한국의 지정학적 조건과 유사하다. 그래서 1848년 연방제를 채택하여 오늘날의 산업화를 이루기 전까지 스위스는 유럽 최빈국 중의 하나였다. 산의 경사면에 목초를 키워 소를 기르고 우유를 가공해서 보존식품인 치즈를 만들어 겨우 생활을 유지했고, 생계를 위해 용병을 수출해야 했던 쓰라린 과거를 갖고 있다. 스위스는 이러한 용병의 역사에 대해 '생존을 위해 피를 수출했다.'라고 기록하고 있다. 어려웠던 과거를 잊지 말자는 다짐일 것이다.

　스위스의 용병은 오늘날에도 유명하다. 바티칸 교황청 앞에는 근위병 교대식을 보기 위한 인파로 매일 북적인다. 근위병은 미켈란젤로가 디자인했다고 하는 특이하고 화려한 복장을 하고 있다. 조건은 키 174cm 이상, 나이 19~30세의 용모 준수한 스위스 출신의 미혼 남자로 가톨릭 신자여야 하고 수염을 기르지 않아야 한다. 근무기간은 2년으로 월급은 1,000달러 정도라고 한다.

　바티칸의 스위스 용병 역사는 1506년으로 거슬러 올라간다. 스위스 용병의 용맹과 신의는 1527년 부르고뉴의 왕 샤를 5세가 로마를

교황청 근위병과 충성 서약식

침략한 '로마 약탈'에서 증명되었다. 189명의 근위병 중 147명이 교황 클레멘스 2세를 끝까지 지키다 목숨을 잃었으며, 나머지 42명이 교황을 호위하여 피란시켰다. 이 사건을 기념하기 위해 매년 5월 6일 교황청에서 충성 서약식이 거행되고 있다.

스위스의 용병은 프랑스에서 다시 진가를 발휘한다. 1792년 파리의 베르사유 궁전에 혁명군중이 침입했을 때 루이 16세와 왕족들을 피신시키며 800여 명의 스위스 용병 호위군이 사망한 것이다. 스위스의 루체른 호수 인근에 이들의 충성심과 용맹성을 기리기 위하여 1821년 사자상을 조각했는데 오늘날에는 중요한 관광지가 되고 있다.

스위스는 1874년 자국인의 외국군 입대를 헌법으로 금지했지만 교황청 근위대는 예외로 인정하고 있다. 스위스가 주요 수입원이던 용병수출을 금지하게 된 이유는 유럽의 강대국들이 스위스 용병을 고용하면서 강대국들의 전쟁에서 동족상잔의 비극이 벌어졌기 때문

충성심과 용맹성을 기리는 사자상

이라고 한다. 특히 30년 동안 계속된 스페인 왕위계승 전쟁에서 스위스 용병들은 프랑스군과 네덜란드군으로 나뉘어 참전했는데 결전 끝에 쌍방이 전멸하는 비극이 일어났다. 이후 스위스는 중립을 선언하고 용병은 교전당사국 중 한쪽만 지원하기로 제한했다.

16세기에는 용병이 생계형 인력 수출이었으나 18세기부터는 상황이 바뀌었다. 급속한 인구 증가와 길드제도로 인해 국내 일자리가 제한되자 청년들이 높은 보수가 보장되는 용병으로 해외에 취업하였다고 한다. 이러한 동족상잔의 비극과 생계의 어려움을 극복하기 위한 국민적 열망이 이후 스위스의 산업화를 촉진하는 동기가 되었다고 볼 수 있다.

주변 선진국에 체류하면서 선진사회의 발전상을 경험한 용병들이 이후 산업전사로 변신하여 산업화와 자유무역의 기수가 된 것은 우연인지 필연인지 구별하기 어려운 역사의 아이러니이다. 한국도 1960년대 이후 광부·간호원 독일 파견, 월남전 참전 등을 통해 산업화와 무역국가로 성장하는 유사한 과정을 거쳤다.

섬유와 시계로 산업화를 성취하다

18세기 영국의 산업혁명은 방직업에서 시작해 공작기계, 화학, 제약으로 발전했다. 스위스의 산업화도 섬유에서 시작했다. 정부와 길드제도에 의해 독점되지 않았던 면방직 산업은 스위스의 동부, 오늘날의 생 갈렌St. Gallen 지역에서 번성했는데 인근의 산간 농촌지역으로 확산되었다.

프랑스, 이탈리아, 네덜란드 등 선진국의 면화를 배정받아 완제품을 만들었고 이들의 무역망을 통해 여러 나라로 수출하는 오늘날 주문자상표부착OEM 방식의 산업구조였다. 스위스는 '알프스 소녀 하이디'의 고향으로 알려진 글라루스Glarus 지역에서 1764년 영국이 처음 제작한 방적기를 수입, 섬유제품을 대량생산해 수출하기 시작했다. 처음에는 프랑스가 주요 고객이었으나 차츰 유럽 전역으로 확대했다. 선진국 시장에서의 경험이 있던 용병들이 산업전사로서 무역업의 일선에서 활약했다.

그러나 나폴레옹 전쟁에서 영국을 고립시키는 대륙봉쇄가 발동하자 영국으로부터 기계수입과 서비스A/S가 불가능해졌다. 스위스는 자체적으로 방적기를 제작하기 시작했다. 1805년 방적기 제작에 성공하고, 나아가 방적기의 효율을 높일 수 있는 디젤엔진을 최초로 제작했다. 모방에서 창조로의 일대 변혁이었다. 스위스는 '필요에 의해서' 또는 '필요가 미덕'이기 때문에 기계를 만들어 산업화를 이루었다고 한다. 스위스의 실용정신이다.

섬유와 함께 스위스의 산업을 이끈 것은 시계였다. 시계는 섬유와 달리 스위스의 고유한 산업이 아니었다. 종교적 이유로 옆 나라 선진 대국인 프랑스의 개신교도위그노, Huguenots가 박해를 받아 스위스로 이주하면서 갖고 온 것이었다.

16세기 종교혁명 와중에 프랑스는 확산되는 신교를 억압하기 위해 '신교와의 전쟁'인 위그노 전쟁을 벌였다. 특히 왕실까지 관련된 이 전쟁에서 하룻밤에 3,000명이 죽었다고 한다. 이른바 1572년 '성 바르톨로메오 축제의 학살'이다. 박해받은 개신교도들은 칼뱅, 츠빙글리 등 종교혁명의 선구자들이 활동하고 있는 스위스로 이주했다.

스위스의 방적기계

이들은 국경을 넘어 신교도와 자유주의 사상가들의 요람인 제네바 지역에 정착한 후 인접한 주라Jura 산악지대로 영역을 넓혔다. 이들의 생계 수단은 당시 첨단산업이었던 시계였다. 기록에 의하면 1785년에 약 2만 명이 시계 산

스위스 최초의 시계(16세기 중반 제작)
©Verband der Schweizerischen Uhrenindustrie, Bramaz

업에 종사하여 약 9만 개의 시계를 생산했다고 한다. 시계산업도 초기에는 무역 상인들의 주문을 받아 이들을 통해 수출하는 구조였으나 귀국한 용병들이 자유무역의 첨병 역할을 하면서 스위스 시계는 산업화와 일자리, 기술과 창조, 부의 축적에 결정적으로 기여하게 되었다.

산업화와 정치적 갈등

스위스의 산업화 과정은 유럽의 종교혁명과 산업혁명 그리고 프랑스 대혁명과 나폴레옹 전쟁으로 이어지는 유럽 국제사회의 역사와 관련이 깊다. 스위스는 1513년까지 신·구교가 혼재한 13개 주의 동맹체였다. 종교혁명과 종교전쟁의 영향을 받아 보수적 가톨릭 칸톤과 자유적 개신교 칸톤 사이에서도 내전이 발생했다. 두 세력 사이에

는 정치, 종교, 문화적 갈등이 있었지만 동맹을 유지하기로 하고 종교전쟁에서 중립을 지키기로 합의했다. 그리고 무장 중립으로 30년 종교전쟁의 전화를 차단했다.

전쟁을 마무리한 1648년 웨스트팔리아 조약에서는 신·구교 공존의 독립국가로 인정받았다. 스위스는 대외적 중립과 국내 정치의 안정으로 산업화를 가속화해 나갈 수 있었다. 스위스는 1815년까지 주변 12개 주를 동맹에 가입시켜 오늘날의 스위스 국경을 건설했다. 나폴레옹 전쟁을 종식시킨 빈 회의에서 유럽의 열강들은 스위스를 영세중립국으로 인정했다.

스위스는 종교적 갈등을 극복하고 산업화를 이루었으나 새로운 문제가 발생했다. 시계산업과 산업화로 부자가 된 주들이 신교로 전환하면서 자유·진보 진영이 정권을 잡게 된 것이다. 농업과 부가가치가 낮은 생계형 산업에 의존하고 있던 내륙 산간지역 구교 주민들의 반발이 일어나 분리 동맹을 결성했고, 1847년 또다시 내란이 발생했다. 정치적, 종교적, 경제적 양극화에 직면한 것이다.

다수의 자유 세력은 중앙집권을, 소수의 보수 세력은 기존의 자치 동맹을 주장했다. 두 세력은 스위스의 동맹 분리보다 동맹 유지가 필요하다는 인식 하에 다시 한 번 정치적 타협을 시도했다. 보수의 독립적 지방자치 입장을 진보가 받아들이되 보수는 진보가 주장하는 중앙정부의 필요성에 공감하여 연방제를 수용함으로써 타협에 이른 것이다. 다수가 소수에게 양보하는 정치적 타협을 통해 스위스 연방이 탄생했다.

스위스 은행 비밀주의 관행의 연원

산업화로 축적된 부는 금융업으로 옮아갔다. 스위스인은 근검절약과 높은 저축성을 바탕으로 축적한 자산을 은행에 맡겼다. 오늘날도 스위스는 높은 저축률을 보이고 있다. 스위스의 금융업은 내부적으로 정치, 경제가 안정되면서 주변국들로부터 주목을 받게 된다. 영세 중립국으로 전화를 입지 않았고, 용병으로 쌓은 신의의 이미지가 각인되었기 때문이다. 스위스 은행의 안정성 덕분에 외국의 돈이 몰리기 시작했다. 스위스 화폐도 기축통화 못지않은 역할을 하면서 스위스의 금융업은 국제적 명성과 함께 국제금융으로 진화하게 된다.

스위스는 금융업의 부가가치에 착안, 1848년 연방헌법을 제정하면서 진보와 보수 세력의 합의로 중앙은행을 설치했다. 스위스는 금융업의 안정적 성장을 위해 중앙은행의 금 보유량을 확대했다. 오늘날에도 스위스 중앙은행의 금 보유량은 세계 기축통화국인 미국의 약 1/3 수준으로 독일, 프랑스 등에 이어 5위권이다.

스위스 금융이 가진 또 하나의 특징은 예치한 고객의 자산을 공개하지 않는, 즉 법으로 규정된 은행의 '비밀 준수 의무'이다. 이 법은 제2차 세계대전 시 히틀러가 자금을 도피시키는 독일인을 사형으로 처벌한다는 법을 제정하고 비밀경찰을 동원해 스위스 은행에 은닉된 독일인 예금을 조사하자 위기의식을 느낀 스위스 연방정부가 1934년 은행 비밀의무를 법제화하고 위반 시 형사적 처벌을 명문화한 데서 비롯되었다.

스위스의 금융 비밀주의는 오랜 전통을 갖고 있다. 프랑스의 신·

구교 간 종교 갈등 이후 1598년 낭트칙령Edict of Nantes으로 신교가 인정되었으나 1658년 루이 16세가 왕위에 올라 칙령을 폐지하고 신교도를 탄압하자 위그노의 2차 이주가 시작되어 제네바에서 금융업을 하게 되었다. 이들 신교도는 프랑스 상인 출신으로 신흥 재력가가 많았다. 이들은 고리대금 성격의 대출로 수익을 올리고 있었다.

루이 16세는 정치자금이 필요했고 왕가의 사치로 재정난에 봉착하자 자신이 내쫓은 제네바의 위그노에게 고리의 은행대출을 타진했다. 제네바의 위그노는 박해받은 원한은 있지만, 엄청난 수익이 보장되는 큰 고객을 거부하지 않았다. 루이 16세는 신교도에게 돈을 대출한 사실을 밝힐 수 없었기 때문에 이 거래는 상호비밀 유지를 조건으로 성사되었고, 이후 스위스 은행의 비밀주의에 기초가 되었다고 전해진다. 은행 비밀주의는 은행과 고객 사이에 서로 필요로 하는 비밀을 제도적으로 보장한 것이라 할 수 있다.

이후 금융업이 번성한 제네바 정부에서 1713년 은행 비밀주의를 법제화하고 1907년에는 민법에 포함시킨 후 1930년 이를 확고히 하면서 오늘날 탈세 천국의 오명을 얻게 되었고, 미국, EU 국가들로부터 탈세은닉을 공개하라는 압력을 받기에 이르렀다. 금융업은 스위스 총생산액의 16%를 차지하는 최대 산업이다.

기술개발과 글로벌 경영으로 건설한 브랜드 강국

스위스의 산업은 기술이 말해 준다. 영국의 방적기를 수입할 수 없게 되자 방적기를 만들어 수출했으며, 방적기의 효율을 높이기 위해 디젤엔진을 최초로 개발했다. 달에 착륙한 아폴로 우주선의 외벽에 부착된 알루미늄 포일aluminum foil은 태양열의 비밀을 밝히기 위해 미국 항공우주국(NASA)이 스위스 베른대학에 의뢰해 제작한 최첨단 기술이다. 스위스 나이프에서 시계, 엘리베이터와 한국에 배치되어 있는 대공포에 이르기까지 스위스는 기계제품 수출국가로 자리매김했다.

자신들이 우위에 있는 기술에 머물러 있지 않고 끊임없이 개발했다. 17세기 이래 세계적 명품의 위치에 있던 스위스 시계의 진화를 보자. 당시의 시계는 300여 년 동안 회중시계였다. 19세기 중반 스위스는 최초로 손목시계를 개발했다. 1931년에는 방수시계, 1931년 자동회전시계, 1945년 날짜가 자동으로 바뀌는 시계, 1962년 흠이 가지 않는 유리금속시계 등 시계의 기술을 창조하고 시계시장을 석권했다. 이와 같은 방식으로 스위스의 제품 하나하나가 세계적 명품 브랜드가 되었다.

기술로 앞서지 못하는 분야에서는 글로벌 경영전략으로 맞섰다. 역시 시계를 보자. 당시 시계는 모두 태엽을 감아 작동하는 방식이었는데 1967년 오늘날 보편화한 건전지로 작동하는 방식의 시계Quarz Uhr가 스위스에서 개발되었다. 그러나 이 시계는 장난감으로 인식되어 수제명품을 만드는 스위스 시계 산업에서 배척되었다.

결국 건전지 구동방식의 특허는 일본에 넘어가고 저가로 대량생산한 일제 시계가 세계시장을 석권하기 시작했다. 스위스 시계는 위기를 맞았다. 한 발 더 나아가 70년대에는 시계에 디지털 방식이 도입되어 더욱 간편하고 싸지면서 일용상품, 생필품이 되었고, 스위스의 고가 공예품 시계는 더 이상 설 자리가 없게 되었다.

이때 등장한 것이 오늘날의 스와치 시계이다. 1983년 위기를 느낀 '시계산업 스위스연합'과 '스위스 시계연합'이 합병해 SMH그룹을 만들었다. 그리고 배터리 시계에 플라스틱 외형을 조합하여 저렴한 패션시계를 고안해 질과 가격경쟁력을 동시에 해결했다. 저렴한 패션시계로 다시 시계시장을 탈환한 스와치 그룹은 기존의 산하 브랜드인 오메가, 브레게, 블랑팡 등 수제명품 시계에 보석을 장식하여 최고가의 보석시계로 진화시켰다. 스위스 시계는 저렴한 패션시계와 수백만 달러에 이르는 고가의 보석 공예품으로 다시 태어났다. 글로벌 경영의 한 사례이다.

스위스는 섬유와 시계로 산업화를, 금융과 관광으로 경제선진국을 일구고, 자체 개발한 기술을 부가가치가 높은 화학, 첨단산업 분야에 적용했다. 화학 산업에서 발전한 제약 산업에서도 글로벌 경쟁력을 위해 동종의 기업이 합병하여 세계 2위의 노바티스(Novartis), 5위의 로슈(Roche)가 탄생했다. 스위스의 다국적기업들이다. 합병을 통한 글로벌 경영의 또 다른 사례이다.

네슬레도 이와 유사한 글로벌 경영으로 세계 굴지의 다국적기업으로 성장한 스위스의 식품기업이다. 네슬레는 브랜드 현지화 전략으로 세계의 식품시장을 석권했다. 금융사업도 프라이빗뱅크에서 UBS, 크레딧 스위스(Credit Swiss) 같은 세계 굴지의 은행으로, 보험에서 재보험으로 영역을 넓혀 나갔다. 재보험회사 스위스 리(Swiss Re)는 세계 2위 기업이다. 시장이 좁은 국내에 머물지 않고 기술과 경영으로 글로벌화에 성공한 것이다.

세계적 기업들이 스위스를 좋아하는 이유

해외 유수의 대기업들은 왜 스위스로 향하는가? 최근까지 각국 정부는 자동차 부품 제조 및 조립 기기 등 해외 기업의 대형 공장을 유치하기 위해 치열하게 경쟁했으며, 기업들에게 무료 복지나 세금 우대 같은 혜택을 제공했다. 그러나 스위스는 이런 경쟁에 참여할 여건이 안됐다. 대신 스위스는 위성 또는 지역 본부, 지적 재산 관련 사무실 등을 유치하는 데 탁월했다.

기업에 있어 세금을 최소화하는 문제는 중요하다. 금융 및 원자재 거래와 같은 분야에서는 비밀 유지가 경쟁력에 필수적이다. 스위스의 비밀주의와 상대적으로 낮은 세율 때문에 원자재 거래 기업과 헤지펀드 기업들이 스위스를 선호한다. 스위스의 많은 칸톤들은 상대적으로 낮은 법인세 및 개인세를 부과한다. 스위스의 법인세는 현재 12.5%~24% 정도이며, 영국은 28%, 미국은 15%~35%이다. 연방 및 칸톤 단위의 개인소득세는 대부분의 유럽 국가나 미국과 비슷하다.

기업들이 같은 곳에 모이는 클러스터링clustering 현상도 중요한 요인이다. 스위스는 지경학적으로 유럽의 중심에 위치했다. 그렇기 때문에 원유, 구리, 곡물 등과 같은 주요 원자재를 거래하는 기업들은 제네바에서 사업을 운영한다.

스위스는 최고 수준의 기간 시설, 안정적인 법 및 세금 제도, 우수한 직원, 그리고 높은 삶의 질 등이 매력적인 국가다. 스위스는 글로벌 시민이나 아이를 키우는 가족 모두에게 살기 좋은 곳이다. 세계 도시의 상대적 매력 정도의 순위를 측정하는 보고서는 많이 알려져

로잔 공과대학과 취리히 공과대학

있는데, 2010년 시티 오브 런던(City of London)이 실시한 「금융 기업 들에게 가장 매력적인 세계 도시의 상대적 매력 정도에 대한 연례 조사」에 따르면 런던 1위, 취리히 2위, 제네바 3위이다.

스위스에는 세계적인 수쥰의 대학들이 있다. 바로 취리히 공과대학과 로잔 공과대학이라는 두 개의 유명 기술대학이다. 두 대학은 스위스의 인재들을 보장한다. 이는 공생적인 관계에 있다. 기업은 이 대학들로부터 인턴들을 지속적으로 유치한다. 인턴들은 단순히 값싼 노동력이 아니라 정규 직원과 함께 주요 프로젝트를 개발하고 그만큼 보상받는 비정규 인력이나 다름없다.

스위스의 전통적 중립성도 영향을 준다. 국제결제은행(BIS)은 벨기에, 프랑스, 독일, 이탈리아, 일본, 영국, 미국 등 설립국 간의 타협으로 스위스에 설립됐다. 런던, 브뤼셀, 암스테르담 등 많은 후보지가 있었지만 은행의 위치에 대한 합의가 이뤄지지 않자 결국 스위스가 선택됐다. 스위스가 독립적이고 중립적인 나라이기 때문에 국제결제은행이 다른 강대국의 과도한 영향력에 노출될 가능성이 적다고 판단한 것이다.

스위스의 성공이 한국에 주는 시사점

스위스는 오늘날 전 세계에서 가장 큰 경제적 축복을 누리는 나라 중 하나이다. 그리고 선진국들 중에서도 최고 수준으로 삶의 질을 누리고 있다. 한때 스위스는 가난한 산악 지대 농부들이 살던 지역이었지만, 이제 부유한 국가가 됐고, 국제적으로 무역을 통해 높은 수익을 올리는 성공적 모범 사례로 꼽히고 있다. 스위스 기업들은 고도로 특화된 제품을 생산하는 데 집중하여 수출과 해외 투자 면에서 규모가 더 큰 국가와도 성공적으로 경쟁하고 있다. 스위스의 국가 건설은 오늘날 모든 나라의 이상적 모델이 되고 있다. 유럽의 선진국에서도 스위스는 연구대상이 되고 있다. 스위스의 성공 비결은 무엇인가.

첫째, 근검절약과 함께 '필요가 미덕이다.'라는 실용정신이다. 척박한 환경에서 주변 강대국에 종속되어 가난이 대물림되던 농경사회의 역사 속에서 잉태된 근면하고 검소한 생활은 스위스인의 공통적인 덕목이다. 무역 상대를 선택할 때에도 스위스는 이런 실용주의를 적용했다. 즉 정치적 중립을 유지하고, 어떤 특정 정치 블록에도 가입하지 않는 것이다. 스위스는 무역 상대국에서 발생하는 위기에 영향을 받지 않는 세계적 무역 네트워크를 구축했으며 오늘날 스위스는 여전히 이 정책을 따르고 있다. 그래서 스위스는 새로운 기술이나 새로운 원자재 등과 같은 내부 및 외부 변화로 인해 발생하는 기회를 포착할 수 있었다. 자원 부족과 작은 지리적 규모 등과 같은 구조적 한계를 인정한 스위스 기업들은 특화하거나 제품의 품질을 제고하는 데 집중했다. 이를 통해 스위스 기업들은 전 세계적 차원에서 다양한 분야의 틈새시장을 활용할 수 있었다.

둘째, 도전적인 기업가 정신과 창의적 기술개발이다. 용맹과 신의로 무장된 용병의 전통은 산업전사로 그 명맥이 계승되었다. 가난의 대물림을 극복하기 위해 실용정신으로 산업화를 이루었다. 또한 개신교의 자유주의 윤리와 자본주의 정신의 결합은 기업정신으로 이어져 고난과 위험을 극복하고 끊임없는 기술개발로 글로벌 기업을 건설하는 원동력이 되었다. 이는 오랜 진화의 산물로 다양한 요소가 결합된 것인데 그중에서도 중요한 것은 스위스의 자유주의 사상과 자유무역정책 전통이다. 자유무역을 고집하는 것은 어떤 이념을 따르거나, 중앙정부가 의도적으로 결정한 것이 아니라 스위스 기업인들의 진취적 사고에 기초한 것이다.

셋째, 인적자산을 중시하고 포용했다. 자원이라곤 인적자원밖에 없는 스위스는 교육을 통해 인적자산을 극대화했다. 노벨상 수상자 수는 인구비례 세계 1위이다. 외국의 인적자산도 적극 포용했다. 시계기술을 갖고 온 위그노가 좋은 예이다. 스와치 시계로 스위스 시계의 부활을 가져온 하이에크 회장도 레바논 출신이며, 세계적으로 알려진 스위스 명사들 중에는 외국인 출신이 상당히 많다. 오늘날에도 스위스에는 부자뿐 아니라 세계적 명사들이 거주하고 있으며, 스위스의 다국적기업들은 외국인 최고경영자CEO를 많이 고용하고 있다.

인재이면 국적을 가리지 않는다. 현재도 진행 중인 인적자산 논쟁이 있다. 아인슈타인 논쟁이다. 아인슈타인은 유대인으로 독일 태생이며 스위스 공대 유학 중에 상대성원리를 완성했다. 그리고 제2차 세계대전 중에 나치를 피해 미국으로 이주했다. 이스라엘, 독일, 미국 모두 아인슈타인이 자국인임을 강조한다. 스위스의 주장은 아인슈타인이 상대성원리를 발견한 과학자로서 명성이 있는데, 그것은 스위스 대학에서 연구하여 완성한 것이므로 스위스 사람이라는 것이다.

넷째, 제도적 장치도 기여했다. 예를 들면 협동조합주의이다. 전통적으로 대규모 전문 행정부를 구축하는 것을 자제하고 가능한 한 사조직이나 준민간, 준정부 조직을 이용해 공공 정책을 실행했다. 가장 중요한 예는 농업 부문으로 생산 규율 제안 및 이행, 농산품의 가격 책정, 분배 및 마케팅을 담당하는 준정부 조직이 수십 개에 달했다. 고도로 산업화된 스위스의 민주주의 사회에서 정부와 민간 경제 주체들이 긴밀하게 협조하고 있는 것이다.

다섯째, 스위스는 세계 시장에서 경쟁력이 있고 수익률이 높은 특화된 경제 클러스터가 놀라울 정도로 밀집해 있다. 스위스가 다른 유럽 국가에 비해 생산 및 노동 비용이 상당히 높은데도 불구하고 금융 서비스, 제약 및 바이오기술 산업, 정밀 기계, 그리고 의료 기술 등과 같은 기술 분야에서 경쟁력을 갖고 있는 이유는 세계적으로 인정받는 특정 산업의 선두 기업들의 클러스터가 형성되어, 노하우와 고숙련 노동자, 그리고 우수한 부품 제공업자 인프라를 모두 갖추고 있기 때문이다. 이들 클러스터를 살펴보면 다음과 같다.

① 금융 클러스터를 형성하고 있다. 스위스는 세계 민간해외자산의 30%를 보유하고 있다. 최첨단 금융 상품과 고숙련 금융 전문가 집단이 형성되어 있기 때문이다. 그 결과 모든 주요 해외 은행들은 취리히와 제네바와 같은 스위스 주요 금융 중심에 모인다. ② 제약 및 바이오기술 클러스터를 형성하고 있다. 암젠, 베르나, 노르디스크, 노바

뇌샤텔Neuchetel 시계 클러스터(1900년 경)
©Bibilothèque de la Ville Chaux-de-Fonds, Département audioviusel(DAV)

티스, 노보, 로슈, 세로노와 같은 기업들이 세계적으로 주요한 중심
네트워크를 형성한다. 경쟁 또는 파트너 기업들이 근접해 있다는 점
뿐 아니라, 우수한 연구 기관 덕분에 이 기업들은 매력적인 연구 및
근무 환경을 형성한다. ③ 정밀기기 산업 클러스터도 있다. 스위스 시
계는 전 세계적으로 유명한데, 그 이유는 높은 품질과 스위스의 정밀
기기 기술 노하우 때문이다. ④ 바이오기술과 정밀기기의 노하우를
결합하는 의료 기술 산업 클러스터가 있다. 메드토닉(맥박 조정기) 스
트라텍(정형술), 스트라우만(임플란트), 짐머(정형술)와 같은 기업은 각
자 의료 기술 전문 분야에서 주도적인 역할을 한다.

여섯째, 정치·사회적 안정이다. 여야가 없는 직접민주주의 정치 제도 덕분에 스위스는 다른 국가에 비해 중단 없이 지속적으로 경제 개발을 할 수 있었다. 사회의 심각한 갈등이 표출될 때마다 스위스는 대립과 충돌을 피하고 갈등을 타협으로 조정하는 상생의 정치를 구현하고 있다. 정치가 경제의 발목을 잡는 것이 아니라 해결사의 역할을 하고 있는 것이다. 또한 정치·경제 주체들이 유럽의 중심이라는 지리적 위치를 잘 활용한 것도 스위스의 긍정적 발전에 기여했다. 그리고 정치·경제 구조와 조직의 지속성이 새로운 상황 속에서의 유연성 및 적응력을 뒷받침했다.

마지막으로 짚어야 할 것은 스위스가 무장 중립의 확고한 안보태세로 전화를 입지 않았다는 점이다. 강대국에 둘러싸인 약소국으로 강대국 전쟁에 영향을 받아야 했던 종속변수의 위치였지만 무장 중립으로 나라를 지켜 지난 200여 년 동안 전화를 입지 않았다. 자유와 보수의 신·구교 간 내란은 있었지만 정치적 타협으로 연방 국가를 건설하여 제2의 도약을 위한 발판을 만들어 냈다.

스위스 경제의 긍정적 측면과 발전을 강조했지만 스위스에게 어려운 시기도 있었다. 그리고 오늘날 급변하는 세계화 시대에, 모든 경제권과 모든 기업은 치열해지는 국제 경쟁 속에서 새로운 도전에 대한 적절한 전략을 모색해야 한다.

제6장
완전고용 경제와
친환경 청정국가

한국의 복지 논쟁과 중진국의 함정

1964년 월남전 참전 당시 한국의 1인당 국민소득은 100달러였다. 30년 후인 1994년 1만 달러를 넘어섰고, 지난해는 2만 2,778달러였다. 반세기 만에 소득은 230배, 무역규모는 7,000배 성장해서 세계 10위권의 중진국으로 선진국의 문턱에 와 있다. 산업경쟁력에서 세계 5위, 세계특허 4위로, 산업·기술력도 최상위권에 있다. IMF는 지난 3월 한국이 2016년에 선진국 대열인 소득 3만 달러 시대에 들어설 것이라고 전망했다.

그러나 우리 사회가 당면하고 있는 정치, 경제, 사회적 문제들을 돌아볼 때 선진국 진입이 순항할 것인가에 관해서는 신중히 생각해 보아야 한다. 2만 달러 소득의 중진국에서 선진국 진입을 못한 채 위기를 맞은 나라들이 있다. 그리스, 스페인, 포르투갈, 아르헨티나 등이다. 이들의 공통점은 여야 간 극단적 대립의 후진적·소모적 정치체제, 양극화에 편승한 노사분규의 장기화, 그리고 성장이 뒷받침되지 못한 분배와 복지 논쟁이 정치적으로 포퓰리즘화하고 있다는 점이다. 소위 '중진국의 함정'이다.

이들 국가는 냉전시대 군부의 독재체제가 장기간 유지되면서 경제개발을 이루어 국민소득 1만 달러의 중진국에 접어들었다. 이후 소득 증가에 따른 자유와 평등의 열풍으로 민주화를 성취하면서 노조를 등에 업은 진보세력과 사회당이 약진했다. 그리고 보수·진보 세력이 모

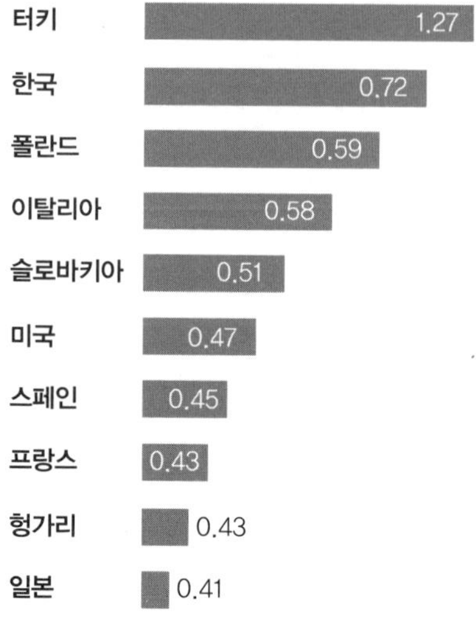

두 경제민주화와 복지를 강조하면서 중진국의 함정에서 벗어나지 못한 채 오늘날 국가부도의 위기에 시달리고 있다. 독재정권을 무너뜨린 성취감에 뒤따르는 허탈감, 민주화에 대한 과잉 기대로 인한 실망과 불만, 민주화투쟁의 부작용인 투쟁의 체질화와 타협문화의 부진, 민주화 이후의 빈부격차 등 불평등의 심화, 참여정치와 책임정치의 안정된 제도화의 실패 등에서 비롯된 '민주화 피로증후군'이라고 볼 수 있다.

이러한 사례는 한국의 산업화·민주화 과정과 크게 다르지 않다. 오늘날 대립으로 치닫고 있는 정치적 양극화·장기화한 노사갈등, 경제민주화와 표를 의식한 복지 논쟁이 그렇다. 삼성경제연구소가 2010년 OECD 회원국의 민주주의 지수, 정부효과성 지수, 지니계수 변수로 사회갈등지수를 측정한 결과, 한국은 0.72를 기록하며 종교분쟁을 겪고 있는 터키(1.27)를 제외하면 가장 높았다.

우리는 이러한 나라들의 뒤를 따라가서는 안 된다. 스위스는 이러한 문제들을 극복하고 중진국의 함정에서 벗어나 노사분규가 없는, 복지병이 없는, 그리고 삶의 질이 가장 높은 나라로 평가된다. 우리는 실패한 국가 건설의 사례를 뒤쫓지 말고 성공한 스위스에서 선진화의 교훈을 얻어야 한다.

노사분규가 없는 나라

스위스의 산업화는 부의 양극화와 함께 새로운 정치·사회적 문제를 만들어 냈다. 1845년 연방헌법과 연방국가체제로 국가해체의 위기는 극복했으나 유럽 국제사회에서 확산된 자본주의 병폐에 대한 논란과 노동자와 자본가의 갈등은 스위스의 경우도 예외는 아니었다. 특히 제1차 세계대전 동안 확고한 무장 중립 정책에 따라 동원령이 내려지고 병사들의 급여는 생계에도 못 미치게 되었다. 근로임금도 최저생활을 겨우 유지할 수 있는 상황이었다. 1914년부터 5년간은 식료배급제가 실시될 정도였다. 그러나 스위스 기업은 엄청난 호황을 누리게 되었다. 대기업과 자본가들은 갈수록 부를 축적할 수 있었다.

이러한 현상은 유럽 대부분의 나라에서 일반적이었다. 후유증으로 독일에서는 바이마르헌법이 제정되고, 러시아에서는 1918년 공산주의 혁명이 일어났다. 스위스도 영향을 받아 최초의 총파업이 발생했다. 정치에서는 사회민주당이 약진했고, 정국은 임금근로자 보호 방향으로 선회했다. 잘나가던 대기업, 자본가들도 타격을 받기 시작했다. 전후 대공황으로 각국이 보호무역으로 문을 굳게 닫기 시작하자 수출에 의존해 온 스위스 기업들이 줄줄이 도산하기 시작했다. 관광객이 줄어 관광업도 타격을 받게 되었다.

이 와중에 정치적으로 급상승한 노동자와 노조세력의 임금인상 투쟁이 격렬해지면서 스위스 경제는 총체적 위기를 맞게 되었다. 노사협상이 결렬되자 재무부가 조정하는 강제적 제도가 도입되었다. 그러나 노동조합뿐 아니라 경영자 측에서도 이를 반대했다. 자유경제 체제하에서 국가권력의 개입을 배격해 온 기존 입장 때문이었다. 스위스의 대표산업인 철강·기계·시계산업 노사대표가 공동전선을 형성했다. 그리고 1937년 노사평화협정을 체결했다.

노사협정이 성사된 배경에는 1933년 이웃 독일에서 히틀러가 등장하여 전체주의가 스위스를 위협하게 될 것이라는 우려 하에 자본가와 노동자가 한배에 타고 있는 공동운명체임을 자각하고 전체주의의 파고부터 막자는 인식도 한몫했다. 또한 나치가 유럽을 점령하고 스위스 침공이 예견되자 사회당도 기본입장을 포기하고 국방력 강화에 동의하면서 초당적 협력이 이루어졌다. 이러한 정치적 타협도 노사평화협정을 이끌어 내는 데 일조했다.

노조 측에서는 파업을 불만 해결의 수단으로 이용하지 않고, 사용자 측에서는 임금 인상 요구에 대한 중재를 받아들이기로 합의한 것이 그 내용이다. 모든 근로자는 노조 가입권이 있으며 노조는 회원의 회비로 재정을 운영한다. 각 노조의 회비는 업계마다 큰 차이를 보인다. 근로자는 연간 약 200프랑에서 600프랑의 회비를 낸다. 스위스의 2개 노조총연맹도 같은 방식으로 운영되는데, 각 노조의 회비 중 일부 고정 금액이 노조연맹에 지급된다. 스위스 연방정부는 노조의 자금과 시설, 임금에 전혀 기여하지 않는다.

쌍방이 총파업, 사업소 폐쇄 등 실력행사를 배제하고 모든 문제를 우호적으로 타협하여 해결할 것임을 상호 확인했다. 노동시간, 질병수당, 유급휴가, 종군 중의 보상, 아동수당 등에 관해 상세한 규정을 마련했다. 이 협정을 준수하기 위한 보증금으로 양측은 국립은행에 각기 25만 프랑을 기탁했다. 이 협정은 처음 2년 동안 구속력을 갖고 그 후에는 5년마다 갱신되었다.

스위스의 노조는 상대적으로 약한 편인데, 이는 조직률이 낮고 구조가 흩어져 있기 때문이다. 스위스 노조들은 약세에도 불구하고 질병, 사고, 실업 보험 등 현재 스위스 사회보장제도를 확립하는 데 중요한 역할을 했다. 스위스 노조가 스위스 정치에 적극적으로 참여할 수 있는 이유는 다른 나라와 달리 스위스의 직접 민주주의 제도 덕분에 노조가 정치에서 중요한 역할을 할 수 있기 때문이다. 스위스의 정치 제도 내에서는 노조 등 다양한 이해집단이 새로운 정책을 제안, 토론하는 과정에 참여해 각자의 전문지식을 활용할 수 있다. 또 이들 이해 집단은 스위스 국민이 투표할 수 있는 정책을 제안할 수도 있다.

최대 노조인 철강·기계·시계 분야의 평화협정은 오늘날까지 계속 준수되고 있고, 중앙은행에 예치한 50만 프랑의 공탁금은 한 번도 사용되지 않은 채 이자가 눈덩이처럼 불어나 있다고 한다. 섬유 등 다른 산업에는 평화협정이 없었지만 1937년 이래 스위스에는 모든 업종에서 총파업이나 노사분규가 거의 없다. 내부적으로 노동쟁의가 없다는 것이 오늘날 스위스의 경제적 번영과 지속적 성장의 주요한 원인임을 알 수 있다.

복지병이 없는 선진국

오늘날 선진국이 겪는 또 하나의 문제는 복지정책이다. 인간은 누구나 자유롭고 풍요로우며, 인권과 복지가 보장된 사회에서 평화스럽게 살기를 바란다. 스웨덴은 완벽에 가까울 정도의 각종 사회 복지 제도를 마련하여 모든 시민의 복지를 보장하고 있는 가장 선진적인 복지 국가이다. 이런 이유 때문에 오늘날 스웨덴은 복지 국가의 모델로 손꼽힌다. 스웨덴을 모범적 복지 국가로 탄생시킨 기본적 원리는 포괄적 사회정책, 정상적 생활수준에 대한 민주적 권리 그리고 모든 국민에 대한 연대적, 보편적 제도라고 할 수 있다. 그리고 이를 뒷받침해 온 정책적 메커니즘은 적극적 인력정책, 일반적 소득 보장, 광범위한 공공 서비스 그리고 재원 확보를 위한 높은 납세율과 누진세 제이다.

이러한 스웨덴 모델은 완전고용과 경제성장 그리고 능률성을 강조하는 점이 특징이라고 할 수 있다. 렌-마이드넬Rehn-Meidner형으로 일컬어지고 있는 완전고용 정책은 실업자를 구제하기 위한 취로사업은 물론이고 취업촉진을 위한 지리적, 직업적 이동을 장려하고 노동력의 재교육과 재훈련을 철저히 실시한다. 또한 소득연동의 수혜 수준이 직장의 유무에 의해서 결정된다는 사실은 직장에서 작업유발

동기를 자극하는 요소로 작용하고, 결과적으로 생산성을 높여 스웨덴의 경제발전에 공헌한다.

또 하나는 불평등을 완화하는 이른바 연대적 임금정책이다. 이 정책은 노동조합총연맹(LO)이 개발했다. 노동자의 임금은 기업체의 수익성에 의해서보다도 직장에 의해서 결정되어야 하며 직종간의 임금격차는 연대성에 기초해 완화되어야 한다는 내용이다. 일할 수 있는 모든 사람들을 직업에 종사하게 하고 자원을 증대시키며 모든 시민이 다양한 복지 프로그램에 의해 비슷한 권리를 누리고 국가 및 자치단체가 제공하는 높은 수준의 교육, 의료 그리고 사회서비스에 동일한 접근의 기회를 조성한다는 것이다.

이렇게 '요람에서 무덤까지'의 복지사회를 구현하고 있는 스웨덴의 기준에서 보면 스위스는 복지국가라고 볼 수 없다. 위기를 맞고 있는 그리스 등 EU 국가들의 잣대로도 스위스는 복지국가가 아니다. 왜냐하면 국가가 운영하는 의료보험도 없고 최소 생계비를 보장하는 시스템도 없다. 그런데 빈곤율이 가장 낮고 가난의 대물림도 적다. 선진 복지국가들이 겪고 있는 소위 복지병도 없다. 스위스의 복지정책은 가난을 최소화하는 것과 비생산적인 복지는 하지 않는 것이다. 그래서 복지는 '필요한 사람에게 일시적으로 제공'하여 복지혜택에만 의존하는 사람을 만들지 않는다는 것이다. 그리고 복지혜택을 받는 사람도 다음 세대에 가난이 대물림하지 않도록 최대한 노력해야 한다는 개념이다.

스위스는 복지에도 생산성 개념을 적용해서 수혜자의 형편에 따라 혜택을 달리하고 수혜자 본인의 노력 여하에 따라 혜택이 달라진다.

예를 들면 고령층이나 장애인에 대해서는 무제한 혜택을 주지만 일반 수혜자는 본인이 재활·교육·사회 프로그램을 통해 소득창출 노력을 했다는 사실을 입증해야 한다. 혜택을 받은 사람은 사회에 환원하는 노력을 해야 한다는 것도 다른 나라에서는 볼 수 없다. 이 원칙의 결과로 다른 유럽 선진국에서 흔히 보게 되는 국가 재정 파탄 사태를 적어도 스위스에서는 볼 수 없다. 복지에도 생산성 개념을 도입하여 '생산적 복지'를 지향하고 있는 것이다.

중앙에서 통제하는 복지는 없지만 복지정책에 대한 만족도는 가장 높다. 세금을 더 거두어 복지혜택을 증가시키는 것이 최선책이 아님을 스위스의 사례에서 알 수 있다. 스위스가 이러한 생산적 복지를 현실적으로 시행할 수 있는 것은 대선과 같은 대권정치가 없고 여야가 없으며 직접민주주의로 세금의 부담과 복지수준을 주민이 모여 결정하므로 정치·사회적 안정성과 행정적 뒷받침이 있기 때문이라는 점을 지적할 필요가 있다.

스위스의 복지 시스템을 보면 세금 비중이 높을 것 같지만 실상은 세계적으로도 개인 및 법인 소득세 그리고 각종 재산세가 가장 낮은 나라 중의 하나다. 어떤 주에서는 소득세를 전혀 부과하지 않는다. 직접민주주의를 표방하는 나라답게 거의 모든 세금은 지자체 단위로 주민들의 의견이 반영되어 정해진다. 당연히 복지라는 이름으로 예산이 낭비되거나 비생산적으로 쓰이지 못하게 주민들이 감시하고 그 세금을 모아 혜택을 주는 만큼 수혜를 받는 사람들에게 그에 상응하는 책임을 묻는 것이다.

또한 스위스는 법적으로 제정된 국가적 차원의 최저임금이 없고 단체협약 또는 표준계약을 통해 정한다. 단체협약과 표준계약은 전국 또는 특정 지역에 적용될 수 있다. 최저임금은 지역마다 다르다. 섬유 등 다른 산업에서는 평화협정이 없지만 1937년 이래 모든 업종에서 총파업이나 노사분규가 거의 없다. 대외적으로 전화를 입지 않고 내부적으로 복지병과 노동쟁의가 없다는 것이 오늘날 스위스의 경제적 번영과 지속적 성장의 이유를 잘 대변해주고 있다.

스위스는 자신들만의 방법으로 복지를 실현해 가고 있다. 스위스의 1인당 GDP는 약 8만 달러로 세계적으로도 높은 수준이고, 역사적으로 인플레가 가장 낮으며 OECD 국가 중에서 완전고용에 가까운 가장 낮은 실업률을 보이고 있다. 이러한 스위스 복지정책은 오늘날 국가재정 위기에 직면한 유럽의 여러 선진국에서 나타나는 사례와 잘 비교된다. 복지가 한국 정치와 주요 이슈로 등장하고 있다. 실패한 나라의 복지를 답습해서는 안 될 것이다.

세계화와 양극화

압축 성장으로 양적 따라잡기에 성공한 한국은 국민의식을 높여 선진화해 나가면 10년 이내에 선진국에 진입할 수 있을 것으로 기대하고 있다. 그러나 우리의 노력으로만 성취하기 어려운 국내외적 요인이 있다. 우선 한국은 대외의존도가 90% 이상이고 자원의 97%를 수입에 의존하고 있어 국제사회의 환경이 변화할 경우 한국 경제는 치명적 영향을 받을 수 있다는 점을 항시 유념해야 한다. 1990년

초 소련이 몰락하고 신자유주
의가 세계화하면서 금융자본
이 동반 세계화했는데 한국은
이에 편승하다가 역풍을 맞아
1998년 외환위기를 맞은 적이
있다. 이때 한국은 금 모으기
운동과 같은 범국민적 단결을
보여주면서 경제 재활에 성공
했으나 중산층이 급격히 몰락
하면서 그 후유증이 오늘날 양
극화의 주범이 되고 있다.

뉴욕 무역센터 폭파 장면

탈냉전 이후 냉전체제에서 경험하지 못했던 여러 문제도 수면 위로
부상했다. 특히 심각한 문제는 양극화 현상이다. 1996년 미국의 벤저민
바버Benjamin Barber 교수는 『지하드와 맥 월드』라는 그의 저서에서 맥
도날드로 상징되는 부자 미국이 독주할 경우 빈자로 대변되는 이슬
람 무장단체 지하드의 역풍을 맞을 수 있다고 경고했는데 불과 수년
후 9.11테러가 발생하였다. 미국은 현재 세계화의 역풍을 극복해야
하는 과제를 안고 있다. 20%의 부자가 80%의 부를 소유하고 있는 현
상은 전 지구적 현상임과 동시에 미국의 국내적 현상이기도 하다. 소
위 '파레토 법칙'으로 불린다. 19세기 영국에서 상위 20%가 전체 부
의 80%를 차지하고 있다는 연구 결과에서 비롯되었다.

2008년 뉴욕발 금융위기가 전 세계를 강타하면서 탈냉전 이후 미
국주도의 정치·경제 패권질서가 동요되고 워싱턴 컨센서스와 신자

유주의는 설 자리가 없게 되었다. 부상하는 중국의 영향력이 증대되고 베이징 컨센서스가 부상하고 있다. G7은 더 이상 클럽 거버넌스의 역할을 할 수 없게 되고 G20이라는 기존 강대국과 신흥국 간의 다자협력체제가 등장했다.

OECD와 IMF도 부의 양극화 심화로 인한 경제침체를 경고하고 있다. OECD는 34개 회원국의 상위 10% 부자 소득이 빈곤층의 9.5배에 달하는 것으로 분석했다. 특히 미국, 멕시코, 터키 및 칠레의 빈부 차가 심각한 것으로 지적됐다. IMF도 미국을 예로 들면서 상위 1%가 세전 수입의 18%를 차지하고 있음을 상기시켰다. 그 비율은 25년 전만 해도 8%에 불과했다고 하면서 소득 불균형 확대가 전 세계 정책 당국에 갈수록 큰 걱정거리가 되고 있다고 평가했다.

한국의 양극화 정도도 OECD 평균보다 높은 것으로 나타났다. 소득 상위 10%와 하위 10% 간 격차는 10.5배에 달했다. OECD 평균치인 9.5배보다 높은 수준이다. 한국은 G20의 일원이 되면서 국가 위상을 높였으나 국제정치경제의 변화를 주도적으로 이끌 수 있는 강대국이 아님은 주지의 사실이다. 한국 선진화의 발목을 잡을 수 있는 변수로써 이러한 변화에도 적응하여 부작용을 최소화하고 지속가능한 성장을 유지할 수 있는 각별한 대비책과 선진화 계획을 마련해야 한다.

한국이 당면한 제반문제를 해결해 나가는 데 있어 스위스의 선진화 사례는 시사하는 바가 크다. 세계적 양극화로 인한 외부 충격과 국내 양극화의 사회적 충격을 완화하고 창조경제로 완전고용을 구현하면서 노사분규와 복지병이 없는 스위스는 우리가 배워야 할 모범

세계 부의 편중

3.200만 명
(0.7%)

100만 달러 이상   98조 7,000억 원(41.0%)

10만 달러
~ 100만 달러 이하   3억 6,100만 명 (7.7%)   101조 8,000억 원(42.3%)

1만 달러
~ 10만 달러 이하   10억 6,600만 명 (22.9%)   33조 원(13.7%)

1만 달러 이하   32억 700만 명 (68.7%)   7조 3,000억 원(3.0%)

자산 가치   총 자산 가치(비율)

총인구(비율)

출처: Credit Swiss, Global Wealth Report

국가임이 분명하다.

한 예를 들어보자. 미국의 금융위기 이후 금융자본과 회사임원에 대한 고액연봉이 문제가 되어 뉴욕에서 엄청난 시위가 있었다. 유럽에서도 고소득층의 수입을 억제하려는 움직임이 거세졌다. 이러한 상황에서 스위스는 2013년 3월 기업임원의 연봉을 주주들이 결정하자는 토마스 마인더Thomas Minder 국회의원의 제안을 국민투표에 부쳤고 약 68%의 찬성으로 통과했다. 자본가를 의미하는 이른바 '살찐 고양이 법fat cat law'이라는 경제민주화 법안이다. 이 법안에 따르면 새로 영입한 경영진이나 회사를 떠나는 임원에게 지급되는 상여금에 대해 주주가 반대권을 행사할 수 있다. 이는 기업의 인수합병 과정에서

임원에게 거액의 보너스를 지급하는 관행을 차단하기 위한 것이다.

스위스 기업들은 임원연봉과 보너스를 제한하면 해외에서 우수한 인재를 영입할 수 없어 기업의 경쟁력이 저하된다는 주장으로 반대운동을 펼치기도 했으나 '경영진의 탐욕과 도덕적 해이가 기업과 사회에 해악이 되고 있다.'는 주장이 관철되었다. 직접민주주의가 작동하여 양극화라는 국내외적 갈등에 개입한 것이다. 유럽의 연봉 상위 20위 가운데는 크레딧 스위스, ABB, 노바티스, 로슈홀딩, 네슬레 등 스위스 기업의 CEO 5명이 포함돼 있다. 이는 2011년도 스위스 국민 평균임금의 1만 배에 달한다고 한다.

이 법안을 추진한 마인더 의원의 치약 회사는 2001년 스위스 에어(Swiss Air)로부터 50만 달러 정도의 계약을 취소당해 부도 위기에 몰렸다. 당시 스위스 에어는 과도한 부채 때문에 이틀이나 운항이 중단되는 등 경영 위기를 맞고 있었다. 그런데 경영이 어렵다던 스위스 에어가 퇴임하는 CEO 마리오 코르티에게 1,340만 달러(146억 원)의 보너스를 지급한 것이다. 이를 계기로 마인더 의원은 법안을 공론화하고 2008년 본격적인 청원 서명운동에 돌입했다고 한다.

시간제 근무로 여성 고용률을 높이는 스위스

한국 여성의 경제활동참가율은 선진국에 비교해 낮은 수준인 것으로 나타났다. 현대경제연구원에 따르면, 여성경제활동참가율이 OECD 선진국과 비교해 낮은 수준이고 연령대별로 살펴보면 특히

30대의 경제활동참가율이 매우 저조한 수준이라고 한다. 또한 고학력 여성 고용률이 OECD 선진국 중 가장 낮고 출산, 육아기 여성의 경력 단절이 두드러져 인적자본 투자의 낭비가 심각한 것으로 나타났다.

여성경제활동참가율이 높아지면 초고령 사회 진입을 늦추는 효과가 있고 출산율도 높아지는 상관관계가 있다고 한다. 또한 노동인구 감소 문제의 해결책으로 작용하고 더 나아가 잠재 성장률을 상승시키는 효과를 나타낸다. 출산율을 높여 고령화 속도를 낮추고 저성장의 문제점을 해결하기 위해서는 여성의 경제활동참가율을 높이는 등 여성 인력의 효과적 활용이 필수적이다.

스위스는 여성 고용 문제를 어떻게 극복했을까? 1990년대 초까지 스위스의 남성 고용률은 약 80%인데 비해 여성 고용률은 50% 수준으로 사회적 문제가 제기되었다. 이유는 15~24세 사이의 남녀 고용률은 거의 같으나 25세 이상의 경우 여성의 비율이 낮아지는데 이는 육아로 인해 많은 여성이 고용을 일시적으로 또는 장기적으로 포기하는 경향이 있기 때문이었다.

스위스는 1970년까지도 여성의 투표권이 허용되지 않은 보수성향의 국가였다. 그러나 사회적 변화를 뒤늦게 수용하면서 1971년에 처음으로 국민투표가 통과되어 각 칸톤에서 부분적으로 시행되어 오다가 아펜젤 주가 마지막으로 여성투표권을 허용한 1989년에 가서야 비로소 전국적으로 여성의 참정권이 허용되었다.

1996년에 들어 스위스는 양성평등법을 시행하고 직장 내 성차별 해소노력을 전개했다. 모성보호 휴가, 부성 휴가, 부모 휴가 시 근로자에게 지급되는 급여의 재원은 고용주가 모성 보험에 가입하고 지방정부가 지불을 담당하도록 했다. 2003년에는 가족 육아에 대한 재정지원법이 시행되어 유아시설을 보강하고 정부가 지원하는 출산·육아 부담 등 사회화 수준을 높였다. 2005년에는 휴가에 관한 입법을 통해 모든 근로여성이 특정 조건하에서 유급 모성보호휴가를 가질 수 있도록 했다.

스위스는 직장인에게 시간제 근무를 허용한다. 그래서 부부 직장인도 서로 시간을 조정하여 근무가 가능하기 때문에 완전고용을 실현하는 데 기여하고 있으며, 주중 낮 시간에도 젊은 아빠가 유모차에 아기를 태우고 슈퍼에서 장을 보는 모습을 자주 볼 수 있다.

스위스가 완전고용을 실현하면서 양극화의 극복과 생산적 복지라는 두 마리의 토끼를 잡은 비결은 무엇일까? 우선 정치적 양극화를 극복하여 정치적 안정성을 정착시킨 데 있다. 한국이 선진국의 문턱에서 방황하는 이유는 바로 사회 갈등을 조정하는 정치의 기능과 역할이 실종됨으로써 국민이 체감하는 정치 안정성이 상실되었기 때문이다. 스위스는 유비무환의 정신으로 안보태세와 정신무장을 경제선진화와 병행했다. 한국은 유사시에 강했다. 그러나 평상시에 약하다. 평소에는 국론분열과 안보불감증이 자리잡고 있다. 위기 시에는 단결하지만 위기를 미리 막고 대비하는 일에는 소홀하다. 스위스는 평화 시에도, 위기 시에도 모두 강했다. 그래서 오늘날 모두의 선망이 되는 선진국이 되었음을 상기해야 한다.

원자력 발전소를 가동하는 친환경국가

유럽의 중심부에 위치하며 알프스 산맥을 품고 있는 세계에서 가장 아름답고 깨끗한 스위스에 한국과 같은 원자력 발전소가 있다는 사실은 잘 알려져 있지 않다. 스위스는 알프스의 풍부한 수자원을 이용한 수력 발전으로 국가 소요전력의 50% 이상을 공급하고 한국과 비슷한 40% 정도를 원자력 발전으로 충당하고 있다. 지난 1969년부터 상업용 원전 가동을 시작한 이후 현재 5개의 원자력 발전소를 가동 중이다.

대기오염과 기후 온난화를 염려하여 화석연료에 의한 발전을 비상수요전력용으로 최소화하고 소음공해 및 아름다운 풍경을 훼손한다는 이유로 풍력 발전소는 짓지 않고 있다. 물론 스위스도 체르노빌 사고 이후 원전에 대한 지지도는 한때 10% 이하로 추락하였으며 신

스위스의 원자력 발전소와 핵폐기물 저장소

재생 에너지의 개발 등을 통해 원전을 대체하고자 노력을 하였으나 비용이나 효율 면에서 한계를 실감하여 다시 원자력을 미래의 주요 전력원으로 개발하는 전략으로 바꾸고 있다.

알프스의 빙하가 줄어들어 미래 수력발전의 한계를 걱정하고 있는 국민은 2003년 녹색당 정부가 가동 중인 원전의 폐지를 국민투표에 부쳤을 때 68%라는 압도적인 수치로 원자력을 스위스의 에너지원으로 선택했다. 특히 스위스는 1990년부터 취리히 외곽에서 30㎞ 떨어진 지역에 중간저장시설 건설을 시작하여 현재 각 발전소의 사용 후 핵연료 및 중·저준위 방사성폐기물을 저장하고 있다. 주변에 관련 연구시설을 유치하여 보다 안전하고 효율적인 처리와 처분방법 연구를 병행하고 있다. 국민은 국가의 투명한 정책과 안전한 가동을 믿고 주기적인 환경감시 활동에 동참하고 있을 뿐 반대운동은 없다.

한국과 유사한 산악국가인 스위스는 주변의 지정학적 어려움 속에서도 세계가 부러워하는 경제부국, 환경선진국을 굳건히 유지하고 있다. 지금도 알프스 산맥을 통과하는 터널을 뚫고 있는 스위스를 환경을 파괴한다고 비난하는 국가는 없다. 인간과 환경의 조화로움을 유지하면서도 미래를 준비하는 스위스와 한국의 현실이 대비된다.

친환경 청정국가 만들기

스위스는 세계경제포럼(WEF)이 발표하는 '환경평가지수Environmental Performance Index. EPI' 평가 1위인 청정국가이다. 스위스는

국가별 환경평가 순위 (2012년)

순위	국가	순위	국가
1	스위스	19	핀란드
2	라트비아	21	덴마크
3	노르웨이	23	일본
4	룩셈부르크	25	말레이시아
5	코스타리카	29	타이완
6	프랑스	30	브라질
7	오스트리아	32	스페인
8	이탈리아	33	그리스
9	영국	34	태국
9	스웨덴	37	캐나다
11	독일	41	포르투갈
14	뉴질랜드	42	필리핀
16	네델란드	43	한국

출처:미국 예일–컬럼비아대학

비화석 연료인 청정에너지원 사용률이 약 60%에 이르는 최고 청정 환경 선진국이라 할 수 있다. 스위스는 1990년대 초 도입된 '에너지 2000 프로그램'을 통해 에너지 재활용 목표를 설정하고 화석연료 사용과 이산화탄소 배출을 감축해 나가고 있다. 녹색산업에도 착수하여 녹색산업 육성프로젝트도 추진하고 있다. 친환경 건축물 인증제도인 미네르기Minergie를 실시하고 있으며 세계 최초 수소 연료전지로 운영되는 청소차, 천연가스를 이용하는 연료전지 시스템 등을 개발하고 있다.

2012년 미국의 예일 대학과 컬럼비아 대학의 「2012 Environmental Sustainability Index」 환경평가지수 순위에서도 스위스가 1위를 차지했다. 참고로 전체 149개의 나라 중 한국은 43위에 그쳤고, 미국은 77위, 중국은 116위, 일본은 23위, 영국은 9위를 차지하였다. 폐수 시스템과 하수의 품질, 교통 시스템 등은 스위스가 1위를 차지하는 데 결정적 요인으로 작용했다.

'환경평가지수' 환경 부문에서 한국은 환경 부하와 이산화탄소 배출량이 높았지만, 도시 쓰레기 재활용률은 28개국에서 가장 높았다. 정부가 환경보호를 위해 지출하는 예산의 비율도 29개국 중 세 번째로 높았다. 환경 부문 중에서 한 사람이 배출하는 이산화탄소 증가율과 1인당 에너지 소비량은 각각 28위와 25위를 차지해 하위권을 맴돌았고, 신재생 에너지 비율은 34위로 OECD국가 중 꼴찌였다. 다만 도시쓰레기 재활용률이 1위를, 환경보호 지출이 3위를 기록해 환경보호 시스템은 잘 갖춰진 것으로 평가됐다. 국토개발과 친환경국가 건설을 위해 스위스로부터 본받을 점이 많다.

스위스 관광산업의 핵심은 자연이고, 친환경적인 것이다. 따라서 자연이 훼손되면 관광 자원 자체가 없어지는 것이다. 스위스 관광산업이 환경지속가능성Sustainability과 환경보호에 주목하는 이유다. 스위스 관광산업은 GDP의 5%가량을 차지한다. 이는 전체 GDP의 4위에 해당하는 것으로 시계산업 다음이다.

몇 년 전부터 지구 온난화로 빙하가 녹기 시작하면서부터는 '생태관광Ecotourism'이라는 개념을 도입했다. 관광 부문으로 생태관광을 받아들인 지 얼마 되지 않아 스위스는 그 자체로 생태관광의 나라이

체르마트 마을 전경과 전동차

자 목적지가 됐다. 가장 오래되고 성공적인 국립공원 프로젝트는 물론 하이킹을 하거나 산악자전거, 사이클링, 스케이트, 카누 등을 통해 스위스의 자연을 만끽하는 '스위스 모빌리티Switzerland Mobility' 프로젝트도 큰 성공을 거두고 있다.

마터호른 입구에 있는 마을 체르마트는 1990년부터 화석연료 자동차 운행을 전면 금지하고 전기로 운행하는 전동 자동차 400여 대만 운행하고 있다. 이 전동 자동차는 스위스 청정 이미지의 또 다른 상징이 되고 있다. 청정국가를 유지하기 위해 스위스는 도로를 관통하는 외국 차량에 대해서 대기오염을 철저히 통제하고 세계 최장 지하터널을 건설하여 차량 이동을 견인하고 있다.

영세중립국, 평화의 나라라는 이미지는 스위스의 아름다운 자연환경과 어울려 세계의 정원, 가장 가보고 싶은 나라의 시너지 효과를 불러온다. 이러한 브랜드 이미지가 오늘날의 관광대국을 만들어냈음은 잘 알려진 일이다. 스위스는 이러한 아름다운 자연에 '청정 환경'

레만 호수　　　　　　　스위스의 수목장
©Waldesruh

이미지를 추가했다.

　스위스는 자연환경의 일부인 호수도 청정수질로 정화해 나가고 있다. 프랑스와 공유하고 있는 스위스에서 가장 큰 레만 호는 1960년 이전에는 합성세제에 의한 수질오염이 극심해 죽음의 호수로 불렸으나 20여 년 동안 120여 개에 달하는 폐수처리장을 호수 주변에 설치해 1980년대에 들어서는 물이 맑아지고 생물과 물고기가 뛰노는 호수로 되살아났다.

　자연친화적 장묘법인 수목장樹木葬의 발상지도 스위스이다. 자연에서 태어나 자연으로 돌아가 영혼의 숲에서 영생을 누린다는 콘셉트의 수목장은 1990년대 초 스위스의 한 작은 마을에서 시작되었는데, 1999년에 스위스 사람이 '평화의 숲'을 조성하여 스위스와 EU의 특허를 받은 이후 전 세계로 전파되고 있다.

　스위스는 부모, 형제를 매장한 후 25년이 되면 유골을 파헤쳐 이를 퇴비로 이용하는 '충격적인' 장례 문화를 갖고 있다. 이유는 땅이 부족

하다는 것이다. 스위스는 산악 국가로서 경작 가능면적이 넉넉하지는
않지만 묘지를 만들지 못할 만큼 부족한 것은 아니다. 자연보전을 위
한 면적은 갈수록 넓히면서 불요불급한 허례허식용 영토 사용은 줄
여 나가고 있다. 따라서 매장터 사용기간을 제한한 것은 영토의 효율
을 높이는 데 목적이 있다고 볼 수 있다. 한국의 장례 문화와는 많은
차이가 있다.

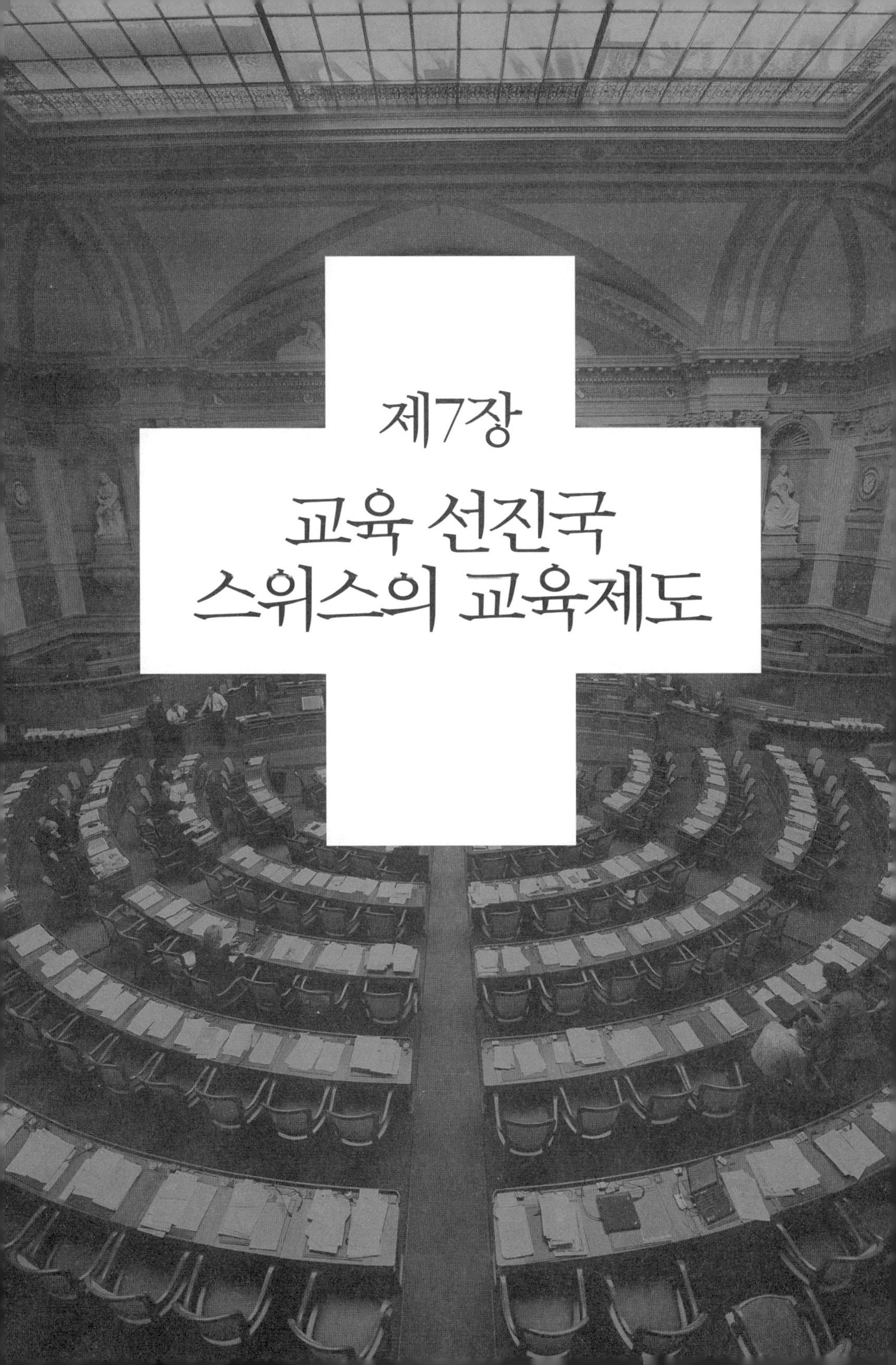

제7장

교육 선진국 스위스의 교육제도

목표 잃은 한국 교육

21세기 대한민국은 지난 50여 년에 걸쳐 성취한 결실들을 토대로 산업화와 민주화의 논쟁을 정리하고 우리의 현재와 미래를 성찰하면서 선진화의 힘찬 발걸음을 내디뎌야 한다. 한국은 지난해 20-50클럽에 이름을 올렸는데 이는 환영할 일이지만, 5,000만 명의 인적자원이 어느 정도 선진화되어 있는지는 생각해 보아야 한다. 선진화는 궁극적으로 사람이 하는 것이고 선진화의 동력은 인적자원에 있다. 지하자원은 없고 밑천이라곤 인적자원밖에 없는 한국으로서는 더욱 그렇다.

그렇다면 무엇이 사람을 선진화시킬 것인가? 교육이다. 교육을 통한 5,000만 명의 인적자원 선진화가 한국 선진화의 요체다.

'한 나라의 과거를 알고 싶으면 박물관을, 현재를 알고 싶으면 시장에 가보라. 그 나라의 미래를 알고 싶으면 학교에 가보라.'라는 말이 있다. 우리의 현실은 어떤가? 대학진학을 교육의 목표로 착각할 정도이다. 통계에 의하면 우리의 고등학교 졸업률은 95%로 세계 최고 수준이다. 대학 진학률도 85% 내외로 가장 높은 수준에 있다. 스위스 국제경영대학원(IMD)이 발간하는 「2004년 세계경쟁력 연감」에 따르면 한국의 대학 이상 수준의 교육 기관 졸업자 수는 세계 5위이다. 그러나 기업 측에서 보는 대학교육의 유용성과 우수 엔지니어 수준은 각각 52위로 최하위이다. 교육시스템의 부실화로 사회가 요구하는 인재를 육성하지 못하고 있다는 지적을 방증하고 있다.

청소년과 관련한 소식도 우리를 우울하게 만든다. 한국의 청소년 자살률이 매우 높다는 것이다. 2009년 우리나라 5세 이상 인구 10만 명 당 32.5명이 스스로 목숨을 버렸다. OECD 회원국의 평균인 14.5명을 훨씬 상회하는 것으로 압축 성장의 높은 평가에도 불구하고 '자살공화국'이라는 오명을 쓰게 되었다. 앞만 보고 뛰어 온 압축 성장 사회의 과잉 경쟁이 빚어낸 비극이다.

정부예산의 20%, 가계 소비지출의 11% 이상을 교육 분야에 지출 한다고 하는데 교육에 대한 막대한 투자에도 불구하고 문제는 더욱 커지고 있다. 공교육의 실종과 사교육 문제, 수만 명의 조기유학과 기러기 가족, 감당하기 어려운 대학등록금과 졸업 후 취업문제 등 어디서부터 손을 써야 할지 모르는 실정이다. 높은 교육열과 우수한 인력으로 빈곤 탈출과 산업화의 기적을 일구어냈음에도 불구하고 산업화와 민주화로 파생된 부작용을 극복하지 못하고 있는 것이다. 지나친 대학 입시경쟁과 획일적인 교육시스템이 맞물려 고비용 저효율의 퇴행적 사회현상을 초래하고 있다.

미국과 중국에는 한국 유학생이 가장 많다고 한다. 그런데 그 목적이 분명치 않다. 대학은 학문을 하는 상아탑인데 연구는 뒷전이고 취업 기회의 장소가 되었다. 국내외에서 수많은 대졸자를 양산하다 보니 취업이 어려워 대학 마치기 전에 휴학하고, 외국어와 기술을 배우고, 인턴을 한다. 대학이 취업을 준비하는 예비학교로 전락한 것이다.

이러한 교육의 문제들은 인적자산의 불균형과 경쟁력 약화를 불러와 선진화의 발목을 잡는 치명적 약점이 될 수 있다. 과잉 교육의 질

곡을 경험한 신세대 부부는 아이 둘을 낳기가 겁나 한 명만 낳겠다고 한다. 유럽에서 100년간 진행된 인구감소와 고령화가 한국에서는 30년 만에 급속히 진행되고 있는 것이다. 한국의 평균 출생아 수는 1.2명으로 미국, 일본, 독일 등 대표적인 저출산국들보다도 낮은 세계 최저 수준이다. 이미 100명당 65세 이상의 노령인구가 48명으로 전 세계 평균의 2배에 가깝다. 이러한 현상은 한국의 장래에 또 하나의 사회 문제가 될 것이 분명하다.

스위스의 산업화와 교육제도

자원이라곤 사람밖에 없는 스위스는 용병을 수출해서 생계를 이어나가야 했던 가난한 나라였다. 가난이 수백 년 대물림되었다. 그러나 유럽에서 산업혁명이 시작되자 재빨리 산업화를 시작하면서 교육과 지식을 국가 경쟁력의 주요 동력으로 인식하고 교육을 통해 인적자원을 효율화해서 오늘날 최강의 국가 경쟁력을 갖춘 선진 강소국으로 발전했다.

스위스는 준 주권적 지방자치제에 따라 칸톤이 각자 교육을 담당해 전국적으로 통일된 교육시스템은 존재하지 않았다. 산업화 시대에 들어서면서 1833년 투르가우 칸톤이 교육의무제도를 처음 도입하였고, 1848년에 연방국으로 다시 태어나면서 전국의 초등교육제도를 정비하였다. 기본 수업기간에 대한 의무교육제는 1874년 헌법 개정이 이루어지면서 비로소 정착되었다.

유럽의 산업화가 절정을 이루던 이 시기에 스위스의 교육에 관해 일본의 대표단이 남긴 글이 있다. 메이지유신으로 근대국민국가를 건설한 일본이 유럽 국가들을 벤치마킹하고 있을 무렵이다. 이와쿠라 도모미를 단장으로 하는 시찰단이 미주와 유럽의 12개국을 방문했고, 1873년 마지막으로 스위스를 방문했다. 사절단은 스위스라는 작은 나라가 어떻게 열강 사이에서 독립을 지키고 산업발전을 이뤄냈는지 비밀을 찾고 싶었다. 그들이 내린 결론은 스위스의 높은 교육 수준과 국민의 근면함이었다.

사절단이 남긴 『구미회람실기』는 스위스를 다음과 같이 묘사하고 있다. "영세중립국으로서 국가 경쟁력을 갖추어 나가기 위해 교육을 중시하고, 국민 개개인의 능력을 높이며, 국민은 예의범절을 중요하게 생각하고, 지식 또한 풍부하며 근면하다. 이런 측면에서 스위스는 제일가는 나라다." 또한 다른 선진국에서 스위스의 대학으로 유학하는 학생들이 끊이지 않는 것에 매우 놀랐다고 기록하고 스위스의 교육을 세계 최고 수준이라고 극찬했다. 그 이후 메이지 정부는 교육 근대화를 정책의 중심에 두고 근면한 국민을 만드는 데 전력을 다했고, 그 결과 근면성을 바탕으로 스위스처럼 근대공업화를 이룩할 수 있었다고 한다.

스위스 교육의 선구자들

스위스는 오늘날의 브랜드 강국이 되기 전에 이미 교육 강국으로 그 기초를 확립했음을 알 수 있다. 이러한 스위스의 교육에는 뛰어난 선구자들이 있었다. 장 자크 루소Jean Jacques Rousseau(1712~1778) 하면 떠오르는 것은 그의 소설 『에밀Emile』이다. 그는 『에밀』을 통해 교육의 중요성을 설파했다. "이성은 소년기에 와서야 발달하며, 청년기에는 연민, 자비, 친절, 은혜 등의 감정이 발달한다. 성인기에는 절제, 극기, 부부 간의 애정, 의무가 강조된다."는 것이다. 루소 교육이론의 특징은 교육과정의 모든 내용이 자연 속에 있다고 보는 점이다. 그의 자연주의적 교육과정이론은 인간 본성이 자연스럽게 계발될 수 있도록 발달과정을 거스르거나 앞지르지 않고 단계적으로 조직되어야 한다는 것이다.

루소에 앞서 스위스의 교육에 영향을 미친 사람은 코메니우스Johann Amos Comenius(1592~1670)이다. 그는 『세계도회』라는 어린이용 그림책을 개발하여 감각경험을 통해 사물을 보거나 느끼고 그 다음에 언어로 배울 수 있도록 하였다. 그는 이러한 감각인상교육을 창안한 점에서 교육 분야에서 코페르니쿠스적 전환을 가져온 인물로 간주되고 있다.

루소가 스위스 교육의 모태라면 근대 교육의 아버지는 우리에게도 잘 알려진 페스탈로치Johann Heinrich Pestalozzi(1746~1827)이다. 그는 프랑스 대혁명 이후 교육 쇄신에 앞장섰으며 스위스의 산업화가 시작하는 중요한 시기에 위대한 교육자로서 스위스 국민에게 지대한 영향을 끼쳤다. 그는 교육사상가이면서 교육실천가였다. 그는 민중에게 바른 지성의 힘을 기르게 하면 민중은 스스로의 힘으로 그들의 사회적 지위를 높이려 할 것이라는 생각에서 인간학교의 이상을 제안하였다. 그리고 보육원과 빈민학교를 세워 가난해서 교육을 받지 못하는 아이들에게 교육의 기회를 주었다.

그 당시는 산업화의 열기로 경제가 급속히 발전하던 시대였기 때문에 일하는 것이야말로 미덕이었고 학문은 불필요한 것으로 간주되었으며 아이들은 가계에 보탬이 되기 위하여 임금을 받고 공장으로 일하러 나가는 것이 당연한 때였다. 당시 아이들은 하루에 13시간 일하는 것이 보통이었다. 페스탈로치는 이런 현상을 비판하고 스위스의 미래를 위해 개인교육의 중요성을 강조했다. "신체발달도 제대로 이루어지지 않은 청소년들이 얼마 되지 않는 수입에 현혹된 부모들에 의해 학문도 배우지 못한 채 일생을 헛되게 낭비하고 있다."

페스탈로치는 초등학교의 창시자로서도 잘 알려져 있다. 그는 교육의 기회가 특권층뿐 아니라 모든 사람에게 열려야 하며 이러한 보편적 일반교육을 사회개혁의 출발점으로 삼았다. 그는 지식·기능·도덕의 세 가지가 균형을 이루는 인격 형성이 바로 교육이라고 주창하고

루소와 페스탈로치

피아제

이러한 교육이론을 확립했다.

페스탈로치의 뜻을 이어받은 교육자가 피아제Jean Piaget (1896~1980)이다. 그는 아동심리학자로서 지능문제와 관련한 표준화 추리검사를 개발했다. 그는 검사에서 아동의 오답이 연령에 따라 비슷하다는 것을 알았다. 동일한 연령의 아동은 틀린 답이 비슷하고 대답 유형은 연령에 따라 서로 다르다는 것을 확인한 것이다. 그는 나이 든 아동이 어린 아동보다 영리한 것이 아니라 이들 사고의 질이 서로 다르다는 결론을 얻었다. 피아제의 이론은 유아교육에 지대한 영향을 미쳤다. 즉 유아교육은 기존의 교사가 주도하는 주입식 지식교육에서 탈피하여 유아의 발달에 따라서 그 주체적인 활동을 중시하는 교육으로 바꿔나가야 한다는 것이다.

스위스의 교육 시스템

오늘날 스위스는 전국적으로 9년간의 초·중 교육을 무상 의무교육으로 하고 있다. 의무교육 이외에도 광범위한 교육의 혜택으로 문맹 (문맹률 1% 이하)은 없는 것이나 다름없다. 스위스 국민의 4/5는 의무교육을 마치고 일반 고등학교 또는 직업훈련학교에 진학한다. 한국 대학생들이 걱정하는 취업에 대한 불안은 없다. 완전고용이 가능한 사회이기 때문이다. 교육비도 한국에 비해 매우 적게 든다. 사교육비는 생각할 필요도 없다. 한국의 교육이 고비용 저효율 시스템이라면 스위스는 저비용 고효율의 교육시스템임을 잘 알 수 있다.

스위스의 교육은 ① 예비교육(유치원) ② 의무교육(9년제 초·중등학교) ③ 직업훈련교육(전문대학 준비) 또는 고등교육(일반대학 진학 준비) ④ 대학교육(일반대와 전문대) ⑤ 심화교육(대학원)으로 나누어볼 수 있다. 예비교육은 1826년에 처음 도입되었다고 한다. 초기에는 예비학교 관련 법규가 없었으나 오늘날에는 칸톤법이 적용된다. 예비교육의 목적은 아이가 놀이와 수업준비 활동을 하면서 부모의 교육만으로는 부족한 부분을 지원하고 보충하여 예비학교에서 초등학교로 무사히 진학하도록 하는 데 있다. 모든 스위스의 아동은 의무학교에 입학하기 전 최소 1년 동안 예비교육을 받을 권리가 있다. 현재 의무학교에 입학하기 전 평균 약 99%의 아동이 예비학교에 다닌다고 한다. 예비학교의 재학기간은 1~3년으로 학교입학 연령에 좌우되는데 칸톤마다 다르다.

의무교육은 초·중등학교로 입학 시기는 6~7세이고, 필수 교육연한은 9년이다. 칸톤이 자율적으로 나름의 교육프로그램을 결정하지만 학교공동체에 맡기기도 한다. 처음 6년은 교사 1명이 한 학급에 대해 전 과목을 가르친다. 이후 3년은 우수반·보통반·열등반의 세 학급으로 나누어 2명 이상의 교사가 가르친다. 공교육 이외에 학습능력이 떨어지는 어린이와 청소년을 위한 양질의 교육기회도 제공된다. 특수학급과 특수학교에서 지원받는다. 그에 반해 재능이 탁월한 어린이는 소홀히 다루어져 왔는데 1998년에 취리히에 최초로 영재를 위한 사립학교가 설립되었다. 사립학교에는 스위스 학생뿐 아니라 여러 나라에서 온 외국인 학생들이 함께 공부하고 있다.

한국의 고등학교에 해당하는 고등교육기관은 대학진학을 준비하는 김나지움Gymnasium, Secondary School과 직업훈련학교Berufslehre, Appenticeship로 구분된다. 직업훈련학교는 3~4년의 직업수습 과정이 요구된다. 주당 3~4일은 회사(공장)에서 실습하고, 주당 2~3일은 학교에서 관련 이론과 지식을 공부한다. 실습을 하면 그 직장에서 적정한 월급도 받는다. 스위스에는 300여 개의 공인 직업수습 과정이 있다고 한다. 직업수습 과정을 마치면서 수습생들은 졸업시험을 치루는데, 이 시험에 합격하면 스위스 어디서든 인정받는 연방자격증을 받는다. 일했던 회사나 유사한 직종의 취업은 항상 가능하다. 그래서 직업수습 과정은 수준이 높다. 수습과정을 마치고 대입자격시험에 합격하면 전문대학에 진학할 수 있다.

김나지움은 대학진학준비학교를 말하며 대학교로 가는 등용문의 역할을 한다. 대입준비교육의 구조와 기간은 칸톤마다 다양하지만 전체 교육기간은 최소 12년이 되어야 한다. 대입자격증Matura이 있으면 일반대학교를 자유롭게 선택할 수 있다. 대입자격시험을 치는 청소년들의 수는 점점 늘어나는 추세이지만 대학진학률은 20% 미만이고 스위스 인구의 10% 정도만이 대학교를 졸업한다고 한다.

대학교는 각 칸톤에서 운영하는 10개의 대학교와 연방정부에서 관할하는 2개의 연방공과대학교(ETH)가 있다. 연방공과대학교는 독일어, 프랑스어, 영어로 강의하며 대학교의 규모는 크지 않다. 대학교에 등록된 약 10만 명의 학생 중 20%는 외국인이다. 대학교 입학은 최소 만 18세가 되어야 하며, 칸톤이나 연방정부가 인정하는 대입자격증 또는 이와 동등한 졸업장이 있어야 한다. 입학허가는 각 대학에서 한다. 수업료는 실비의 약 5%이며 연평균 70만~150만 원으로 낮은 수준이다.

기술전문대학은 직업훈련학교를 마친 후 희망에 따라 진학하는 3년 과정의 대학이다. 정부가 인가한 전문대학은 8개로 교과과정은 연방 공과대학과 유사하지만 이론보다는 실험 및 현장실습을 위주로 한다. 직장생활을 병행할 수 있는 야간과정도 있다. 음악, 미술 등 예능 분야의 전문대학은 7개다. 교사양성 사범대학도 고등교육기관으로 전국에 21개가 분포되어 있으며 1개의 신학 대학이 있다.

스위스의 교육제도가 한국과 구별되는 핵심은 국가가 9년의 의무교육으로 기본교육을 제공하고 이 과정에서 학습 정도, 적성과 재능 등의 기준에 따라 학문을 계속할 학생과 취업을 선택할 학생을 구분 짓는 것이다. 그래서 고등학교 진학에 앞서 김나지움과 직업훈련학교의 진학이 확실히 구분된다. 대학진학보다 직업선택이 월등히 많다. 직업훈련학교에 진학하면 기업체의 후원이 많아 학비가 들지 않고 졸업 후에는 취업이 보장된다. 스위스 사회가 필요로 하는 인적자원이 낭비되지 않고 적기에 적재적소에 배치될 수 있도록 교육제도가 뒷받침하는 것이 교육 강국 스위스의 특징이라고 볼 수 있다.

연방정부가 설립한 두 개의 공과대학

아인슈타인을 꿈꾼다면 스위스로 가라는 말이 있다. 아인슈타인이 입시에서 탈락한 적이 있는 대학이 취리히 공과대학이고 상대성원리를 완성한 곳도 이 대학이다. 스위스는 산업화 시대에 국가 경쟁력을 높이고 시대에 부응하는 이공계의 인재양성을 위해 일찍 연방정부 지원의 공과대학을 설립했고 수많은 인재가 산학연계 프로젝트에 참여하면서 오늘날 브랜드 강국 스위스의 견인차 역할을 하고 있다. 이 대학들은 산학연계 프로그램을 구조화해 왔다. 십 수 개의 연구실에서는 연방정부와 기업들이 출자한 유로펀드를 이용해 기술을 개발하고 제품까지 만들어낸다. 취리히 공과대학은 100여 개의 국제특허와 250여 개의 공동 라이선스를 보유하고 있다고 한다.

2003년 바다의 올림픽이라고 하는 '아메리칸 컵' 요트대회에서 바다가 없는 스위스의 알링기Alingi 호가 우승해서 세상을 깜짝 놀라게 한 적이 있다. 다음 2007년 스페인의 발렌시아 대회에서도 연속 우승해 알프스의 산악국가 스위스는 단번에 세계 최고의 선박 소재 기술 국가 반열에 올라섰다. 우승의 비결은 로잔 공대가 개발한 맞춤형 신소재 덕분이었다. 컴퓨터 마우스를 상업화한 로지테크도 로잔 공대 출신이 창업한 회사이고 공동연구를 계속하고 있다고 한다. 반도체와 신소재 연구에 집중해 왔던 로잔 공대는 연방정부와 노바티스 등 유명 제약회사들의 지원으로 바이오센터를 건설해 미래의 성장 동력을 개발하고 있다.

연방공대는 입학하기도 어렵지만 졸업하기는 더욱 어렵다. 두 번

아메리칸 컵 요트대회에서 우승한 알링기 호

낙제하면 퇴교해야 한다. 한 조사에 의하면 학사학위 취득자는 입학생의 50% 정도, 신입생의 75%가 낙제를 경험한다고 한다. 낙제한 스위스의 학생이 취업하려면 직업고등학교의 수습과정을 다시 밟아야 하므로 고등학교 과정에서 대학진학 여부를 신중히 결정할 수밖에 없다.

국제경쟁력 강화를 위한 교육개혁

스위스는 1990년대 세계화 시대의 지식기반 사회에 적응하기 위해 1999년 '볼로냐 개혁'으로 불리는 획기적인 교육개혁을 단행했다.

우선, 칸톤마다 제각기 시행하던 학사일정, 학위 등 교육제도를 통일했다. 10개의 대학은 학사학위도 다양하고 석·박사 과정도 제각각이었다. 이것을 국제적 관행에 따른 학사·석사·박사 과정과 학위로 통일했다. 다양성이 존중되고 준주권적 위치에서 교육권을 시행하던 26개 칸톤이 학제를 통일하는 것은 쉽지 않은 일이었다. '공동의 이익이 되면 합의한다.'라는 스위스의 실용적 타협정신이 작용한 결과이다.

스위스는 여기에 그치지 않고 대학의 국제적 경쟁력을 강화하기 위해 유럽 전체에 적용할 수 있는 공통된 학점제를 도입하고 객관적인 평가기준인 ECTS_{European Credie Transfer System}을 마련했다. 그리고 석사과정 이상은 영어로 강의하도록 통일하여 언어의 장벽도 개선했다. 이러한 교육개혁으로 미국으로 향하던 글로벌 인재들이 다시 스위스의 대학으로 발길을 돌리고 있다고 한다. 현재 석사과정 이상은 외국인이 절반을 넘는다고 한다.

스위스 교육의 글로벌화와 국제 경쟁력이 강화되면서 스위스의 전문대학 중 관광호텔학교가 주목을 받고 있다. 스위스에서뿐만 아니라 세계적으로도 그 규모가 커지고 있는 MICE_{Meeting, Incentives, Convention, Exhibition} 산업이 각광을 받고 있기 때문이다. 사립단체인 스위스호텔학교협회에 소속된 호텔학교만 15개 있다. 2~3년 기간의 전문대학인데, 스위스의 국가 이미지와 교육 경쟁력 덕분으로 이들 학교는 엄청난 학비에도 불구하고 외국인 학생 수가 증가하고 있다. 이들은 학업기간 중 수습과정을 거쳐야 하기 때문에 스위스의 인력난을 해소하는 데도 한몫을 하고 있다.

인구비례로는 스위스가 최다 노벨상 수상국

스위스는 알프스의 자락에 위치한 산악국가로 부존자원이 없고 자원이라곤 인적자원밖에 없어 일찍부터 국가 건설과 발전 전략을 인적자원의 효율화에 뒀다. 그래서 높은 교육열을 토대로 교육제도의 효율성 제고에 관심을 기울여 왔다. 스위스는 1847년 연방국가를 건설하면서도 뿌리 깊은 칸톤 중심의 지방분권으로 중앙의 연방정부에는 교육부가 없고, 칸톤 정부가 교육정책과 교육제도를 자율적으로 시행해 왔다. 그러나 산업화 시대의 환경변화에 따른 교육 경쟁력 제고를 위해 칸톤과 연방이 협력하여 교육제도를 선진화하고 나아가 교육 경쟁력에 있어서도 세계적 강국으로 자리매김하고 있다. 스위스의 교육으로 성장한 인재들은 스위스의 학문뿐 아니라 산업전사로, 국가 건설의 원동력이자 견인차로써 오늘날의 스위스라는 국가 브랜드를 창출하고 있는 주역들이다.

스위스는 루소, 페스탈로치와 같은 세계적 교육 선구자를 배출했을 뿐만 아니라 여러 분야에서 뛰어난 인재들이 세계인명사전에 그 이름을 올리고 있다. 스위스의 인구는 외국인을 제외하면 700만 명도 채 안 되고 정규대학 졸업자도 10% 미만이지만 29명의 노벨상 수상자를 배출했다. 인구 대비로는 세계 최다 노벨상 수상국이다. 처음 노벨상을 수상한 스위스인은 1901년 적십자 운동의 효시인 앙리 뒤낭이다. 그의 노벨평화상을 필두로 의학, 화학, 물리학 등 다양한 분야에서 노벨상을 수상했다.

스위스는 우수한 글로벌 인재를 확보하는 노력도 남다르다. 스위

스위스의 노벨상 수상자

분야	년도	수상자	분야	년도	수상자
평화	1901	장 앙리 뒤낭	물리	1920	샤를 에두아르 기욤
	1902	엘리 뒤코묑		1921	알베르트 아인슈타인
	1902	샤를 알베르 고바		1933	※폴 에어드리엔 모리스 디랙
	2001	※코피 아난		1945	※볼프강 파울리
의학	1909	에밀 테오도어 코허		1952	펠릭스 블로흐
	1948	파울 헤르만 뮐러		1986	하인리히 로러
	1949	발터 루돌프 헤스		1987	카를 알렉산더 뮐러
	1950	타데우시 라이히슈타인		1988	※잭 스타인버거
	1951	막스 타일러	문학	1919	카를 프리드리히 게오르크 슈피텔러
	1957	다니엘 보베		1946	헤르만 헤세
	1978	베르너 아르버			
	1992	에드먼드 피셔			
	1996	롤프 칭커나겔			
화학	1913	알프레트 베르너			
	1937	파울 카러			
	1939	레오폴트 루지치카			
	1975	블라디미르 프렐로그			
	1991	리하르트 로베르트 에른스트			
	2002	쿠르트 뷔트리히			

※ 노벨상 수상 전후 스위스 국적 취득자

스의 국적취득은 까다롭기로 유명하지만 스위스 대학에서 공부한 우수한 외국 유학생들에게는 국적을 주어 스위스에 머물도록 하는 것이다. 농업국가 스위스가 산업화하는 과정에서 프랑스에서 탄압받고 이주한 위그노를 안착시켰는데 이들이 스위스의 시계 산업을 일으킨 주역들이다. 오늘날 스위스를 보면 세계적으로 명성을 얻고 있는 경제인, 과학자, 모험가들이 많은데 이들 중 상당수가 외국 유학생으로 스위스에 정착한 사람들이다.

스위스 교육이 주는 시사점

스위스가 교육 강국으로 성장한 배경에는 스위스인의 정신적·교육적 모태가 된 프로테스탄트(개신교)의 유산이 있다. 스위스 교육의 아버지가 루소와 페스탈로치라면 그들의 교육사상의 뿌리는 16세기 종교혁명기로 거슬러 올라간다. 루터에 의해 발화된 기독교 종교혁명은 가톨릭의 탄압을 피해 스위스에서 활동한 츠빙글리와 칼뱅에 의해 완성된다.

츠빙글리는 윤리적 생활태도와 관용의 정신을, 칼뱅은 시민적이고 민주적인 생각을 심어주었고 이들의 가르침이 프로테스탄트의 정신적 기둥이 되어 스위스인의 근면성을 잉태시켰다. 이들의 교리는 종교뿐 아니라 스위스 사람들의 정신적 기초가 되었고 스위스 인성교육의 토대가 되었다. 20세기 초 자본주의가 극성하면서 태동한 공산주의의 영향과 노동조합의 성장 그리고 좌익세력의 흥기 등 국내의 정치, 경제, 사회적 문제들을 이러한 인성교육의 힘으로 극복했다. 세계대전의 혼란 속에서도 인성교육은 언제나 스위스 교육의 중심에 있었다.

프로테스탄트의 근면성과 함께 산업화 시대를 거치면서 교육의 필요성과 교육제도의 확립에 주력한 것이 스위스가 근대공업화를 이루는 원동력이 되었다. 스위스의 저널리스트 로렌즈 스툭키Lorenz Stucki는 그의 저서『스위스의 지혜』에서 "스위스인은 척박한 토지로 인한 생산량의 부족을 프로테스탄트라는 기독교 사상을 통한 근면성으로 극복해 냈다."고 언급하고, "스위스의 풍요를 만들어낸 것은 고도의 교육제도에 의한 공업 기술의 발달이고, 부를 늘린 것은 저축과 검약의 정신이었다."고 결론지었다. 스위스의 산업화는 프로테스탄트의 유산인 근면함이라는 토양 위에 교육이 접목되어 이루어진 것임을 알 수 있다.

스위스는 농경사회에서 산업사회로 그리고 오늘날의 지식기반 사회로 전환하면서 각 시대에 부응하는 교육정책의 방향을 결정해 인적 자원을 효율화하고 인재를 양성하여 국가 경쟁력을 강화했다. 그리고 연방과 칸톤의 협력, 국민이 참여하는 국민투표의 제도적 장치를 통해 교육혁신을 단행하여 오늘날의 선진 강국을 건설할 수 있었다.

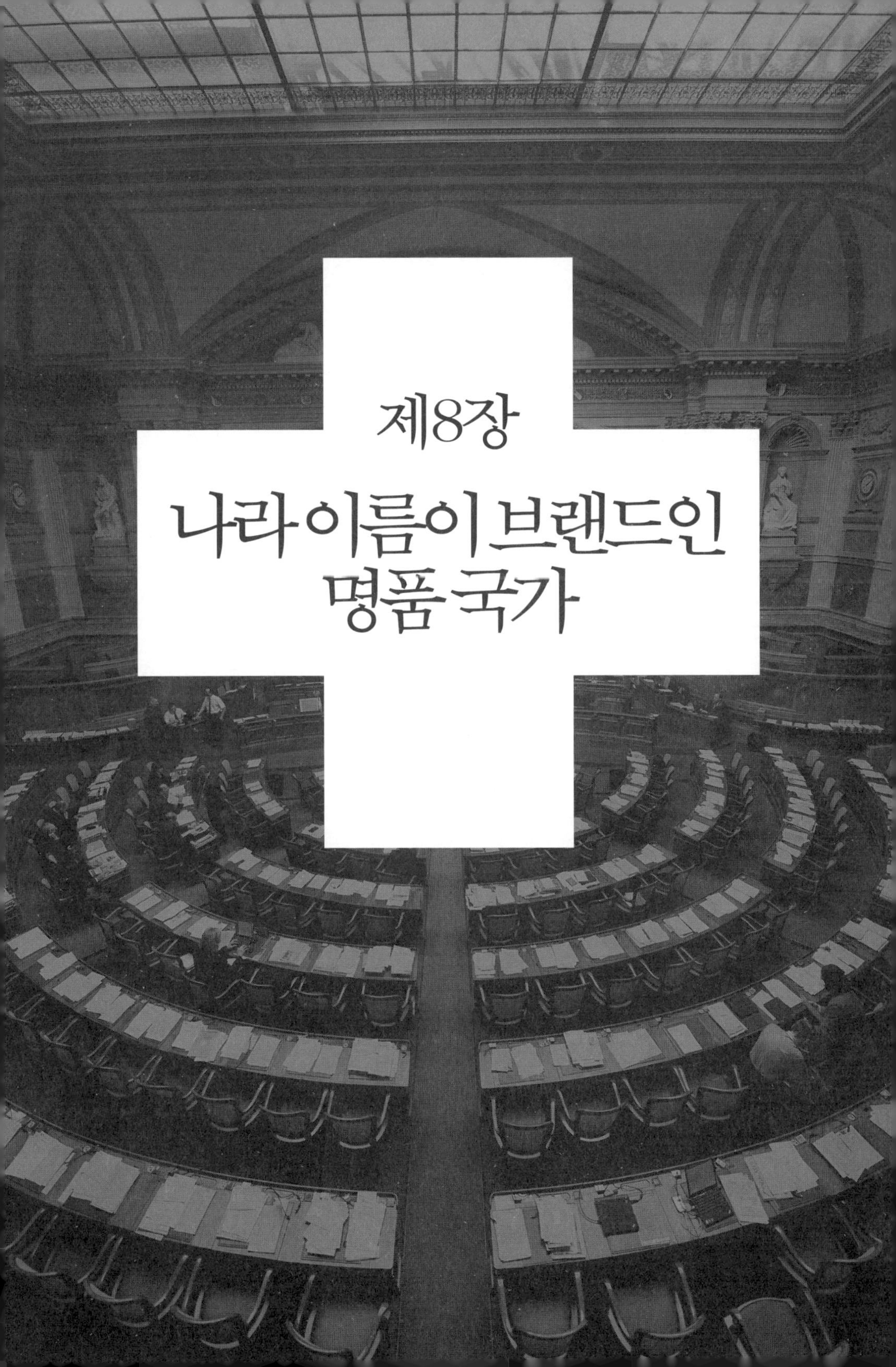
제8장
나라 이름이 브랜드인
명품 국가

한국 이미지와 인지도

한국 하면 떠오르는 이미지는 무엇일까? 2009년 국제방송인 KBS 월드라디오가 홈페이지를 방문한 104개국 외국인에게 질문한 데 대해 김치가 전체 응답자의 10.6%로 가장 많았고, 이어 아름답다(4.7%), 경제발전(4.6%), 전통문화(3.2%) 순으로 답했다. 한국에 대한 평가에 대해서는 IT강국이 가장 높은 점수를, 이어 아름다운 경관과 질 좋은 상품이 뒤를 이었다.

지식경제부와 국가브랜드위원회가 2009년 25개국 국민을 대상으로 같은 질문으로 조사한 결과는 기술력이 12%로 가장 많았고, 이어 한국음식(10.7%), 드라마(10.3%), 한국사람(9.4%), 경제성장(6.2%), 한국전쟁(5.4%), 북핵문제(4.1%) 등의 순이었다. 2010년 EU 문제 전문 조사기관 인터렐(Interel)에 의뢰해 유럽의 여론주도자들에게 한국인 이미지를 설문조사한 바, '근면과 효율'이 가장 높게 나타났다고 한다.

조금 다른 각도에서 2007년 대한무역공사(KOTRA)와 산업정책연구원이 21개국을 대상으로 한국의 국가 이미지를 정부·국민·기업으로 나누어 조사해 본 결과 5점 기준으로 국민이 3.62점, 기업이 3.55점, 정부는 3.31점으로 가장 낮았다고 한다. 한국에 대한 전반적인 호감도는 3.67점으로 높게 나타났다. 정부 이미지가 상대적으로 낮게 나타난 것은 북한 핵, 분단국가, 시위와 파업 등이 해외언론에 자주 보도되고 있는 것과 연관이 있는 것으로 조사됐다.

신뢰도와 호감도 못지않게 주목해야 할 것은 한국에 대한 인지도이다. 지구상에 존재하는 200여 국가 중 160여 개발도상국에서는 한국이 산업화와 민주화를 단기간에 성취한 국가로 높은 인지도를 나타내고 있다. 그러나 30여 선진국 국민들은 한국을 잘 모르고 있다. 몇 년 전 미국의 한 주립대학교에서 학생들에게 '한국 하면 떠오르는 이미지가 무엇이냐?'고 물었는데 김정일, 살벌한 군인, 경찰, 비무장지대DMZ 등의 순이었다.

한국에 대해 잘 모르고 있다는 것인데 이러한 현상이 선진국에서 두드러지게 나타나고 있다. 삼성, LG가 한국 기업임을 모르는 미국 사람이 24%나 되고, 영국 34%, 캐나다에서는 66%나 됐다고 한다. 미국인의 34%, 영국인 42%가 한국이 어디에 있는지 지리적 위치를 모르고, 심지어 캐나다 사람의 43%, 영국인의 32%가 한국 언어를 중국어로 알고 있다고 한다. 한국에 대해 평균 24% 정도가 잘못된 인식을 갖고 있는 것으로 조사되었다.

미국의 글로벌브랜드 컨설팅기업 퓨처브랜드(Future Brand)가 조사한 「2012~2013년 세계국가브랜드지수CBI 보고서」에서는 스위스가 경제·문화·사회 안정성 등에서 가장 높은 점수를 얻었다고 밝히고 세계가 격동의 시기를 겪고 있는 와중에서도 스위스의 국가 브랜드는 자유로움, 관용, 투명성, 자연환경보호 등에서 가장 앞서가는 것으로 나타났다고 설명했다. 2위 캐나다, 3위 일본에 이어 스웨덴, 뉴질랜드, 호주, 독일, 미국, 핀란드, 노르웨이 순이었다. 한국은 지난해 42위에서 49위로 밀려났다. CBI는 선진국과 신흥국 18개국 3,600명을 대상으로 설문조사해 각국별 삶의 질, 기업환경, 문화유산, 관광 등의 분야에서 가치 점수를 환산해 평가하고 있다.

2012년 포브스 온라인판은 글로벌 민간컨설팅업체 평판연구소(Reputation Institution)의 세계평판 순위를 소개했는데 캐나다, 호주, 스웨덴, 스위스, 노르웨이, 뉴질랜드, 핀란드, 덴마크, 오스트리아, 네덜란드 순이었다. 아시아 국가로서는 일본(12위), 싱가포르(20위), 태국(22위), 인도(25위), 한국(31위), 타이완(38위)이 이름을 올렸다. 세계평판 순위는 주요 8개국G8의 국민 3,600명을 대상으로 세계 50개국에 대한 존경과 신뢰, 호감도를 묻는 온라인 설문조사 결과를 토대로 한 것인데 한국이 태국, 인도보다도 평판이 낮은 것은 선진국에서 한국의 인지도가 그만큼 낮기 때문으로 볼 수 있다.

저평가된 한국 브랜드

국가 이미지와 인지도를 나타내는 개념이 국가 브랜드이다. 국가 브랜드는 특정 국가에 대해 형성된 인식의 총체로서 국내외에서 형성되는 이미지를 브랜드화한 것이라고 할 수 있다. 2007년 산업정책연구원이 조사한 바에 의하면, 동일한 제품의 경우, 국제시장에서 한국 제품Made in Korea은 100, 미국과 일본산은 149, 독일산은 155를 받는 것으로 나타났다. 왜 그럴까? 국가의 신뢰도, 호감도와 같은 이미지와 인지도에 대한 소비자의 인식에 차이가 있기 때문이다.

Anholt-Gfk NBI 지수는 세계적인 브랜드 전문가 사이먼 안홀트Anholt와 시장조사업체인 Gfk가 개발하여 매년 발표하는 국가 브랜드 평가지수이다. 국민(성)·거버넌스·수출·투자이민·문화전통·관광 등 6개 분야를 기준으로 평가하고 있다. 전 세계 50개국을 평가대상으로 삼고 있으며 20개국에서 2만여 명이 조사에 참여하고 있다고 한다. 2011년에 발표된 NBI 지수에서 한국은 27위를 차지했는데, 이는 전년도 30위에 비해 3계단 상승한 결과이다. 2008년에는 33위, 2009년 30위, 2010년 27위로 꾸준히 성장하고 있다.

성장의 원동력은 기술력을 통한 한국 기업들의 이미지 향상, 2009년 금융환란 극복, G20 정상회의 유치, 한류의 영향, 한국 상품의 수출증대 등이 모여 시너지 효과를 냈기 때문으로 보인다. 이는 한국 제품의 수출에도 큰 도움을 주고 있는 것으로 나타났다. 이 조사에 따르면 한국의 국가 브랜드는 세계 15위인 한국 경제 규모와 12단계 차이가 나고 GDP의 66~67% 정도로 평가되고 있어 약 30% 정도 낮게 평가 받고 있는 것으로 나타났다.

국가 브랜드 가치도 계량화되고 있다. 국가 브랜드 가치란 한 국가 내의 모든 국민이 생산해 내는 브랜드 가치의 총 합산을 말한다. 브랜드평가 컨설턴트 업체인 브랜드 파이낸스도 국가 브랜드 가치 순위를 발표하고 있다. 브랜드 파워 상위 20국은 미국이 1위, 중국이 2위, 이

NBI 국가 브랜드 지수(2012)

순위	국가
1	미국(1)
2	독일(2)
3	영국(3)
4	프랑스(4)
5	캐나다(6)
6	일본(5)
7	이탈리아(7)
8	스위스(9)
9	호주(8)
10	스웨덴(10)
27	한국(27)

출처:Anholt-GFK
(괄호 안은 지난해 순위)

NBDO 국가 브랜드 지수(2012)

순위	실체 국명	순위	이미지 국명
1	미국(1)	1	미국(3)
2	독일(2)	2	독일(2)
3	프랑스(3)	3	영국(5)
4	영국(4)	4	일본(1)
5	일본(5)	5	스위스(9)
6	스위스(6)	6	스웨덴(7)
7	호주(7)	7	캐나다(4)
8	스웨덴(8)	8	프랑스(6)
9	네덜란드(10)	9	호주(8)
10	캐나다(9)	10	네덜란드(11)
13	한국(15)	17	한국(19)

출처:삼성경제연구소
(괄호 안은 지난해 순위)

어 일본, 독일, 프랑스, 브라질, 영국, 이탈리아, 러시아, 인도, 캐나다, 스페인, 호주, 멕시코, 한국(15위), 네덜란드, 인도네시아, 스위스, 스웨덴, 터키, 벨기에 순이다. NBI 지수와 순위가 다른 것은 평가대상이 다르기 때문이다.

2012년 우리나라에서 조사한 국가 브랜드 가치 평가도 있다. 안홀트를 비롯해 기존의 지수들이 갖는 한계점을 분석하여 대통령 직속 국가브랜드위원회(PCNB)와 삼성경제연구소가 공동으로 새로운 지표를 개발했다. 이 지표는 'NBDO Nation Brand Dual Octagon'라고 불리며, 경제·기업, 과학·기술, 인프라, 정부효율성, 전통문화·자연, 현대문화, 국민, 유명인 등 8개 부문으로 측정하고 있다.

미국이 1위, 독일이 2위, 한국은 실체는 13위, 이미지는 17위로 조사되었다. 경제력은 20위권이지만 국가 브랜드 파워가 세계 최강인 나라가 스위스이다. 스위스는 안홀트의 국가 브랜드 평가기준인 국민(성), 거버넌스, 수출, 투자이민, 문화전통, 관광의 6개 분야 모두에서 최상위권에 있다. 한국의 국가 브랜드 전략은 스위스의 사례가 귀

감이 될 수 있을 것이다.

스위스의 이미지와 국가 브랜드

스위스 하면 떠오르는 것은 무엇일까? 2008년 공공행정연구소(IDHEAP)가 '외국에서의 스위스 이미지'에 대해 설문조사한 바에 따르면, 외국에서는 스위스를 산과 초콜릿의 나라로 생각하고, 스위스의 글로벌 기업이나 혁신적 제조업에 대해서는 상대적으로 낮은 인식도를 보인 것으로 나타났다.

한국에서의 스위스 이미지는 어떨까? 2012년 한국갤럽이 '한국인이 좋아하는 나라'를 조사한 바에 의하면 미국 25%, 호주 19%, 스위스 8%, 캐나다 7.4%, 영국 5.1% 순으로 나타났다. 2012년 스위스의 취리히 공과대학이 여수엑스포의 스위스관을 방문한 한국 대학생을 대상으로 실시한 설문조사에 따르면, 스위스의 자연(알프스, 눈, 빙하, 호수, 가축 등)이 제일 먼저 떠오르고 스위스 제품으로는 시계, 초콜릿, 치즈, 칼을 꼽은 것으로 나타났다고 한다.

스위스는 '세계의 정원' '알프스의 진주'와 같은 별칭이 웅변해 주고 있듯이 나라 이름 자체가 세계적 브랜드로서의 가치를 갖고 있다. 그래서 가장 가보고 싶은 나라, 가장 살아보고 싶은 나라 중의 하나이다. 세계에서 가장 살기 좋은 10대 도시 가운데는 항상 스위스의 취리히, 제네바, 베른이 포함된다.

스위스의 대기업은 외국인이 일해보고 싶은 기업이기도 하다. 스

스위스의 수도 베른

위스 내 주요기업들 상당수가 외국 출신 기업인에 의해 경영되고 있다. 100개 기업의 최고위직 858명 중 45%가 외국 출신이라고 한다. 스위스 기업의 최고위직 임원 중 외국 국적은 65%에 달한다. 그리고 이러한 외국 전문 경영인의 스위스 진출 추세는 계속 증가하고 있는 것으로 나타나고 있다.

스위스는 국가 건설 과정에서 국가 브랜드의 중요성을 인식하고 이미지 제고를 위해 노력해 왔다. 강대국에 둘러싸여 항상 외세의 침략 위협을 받아오던 스위스는 1815년 유럽 국제사회로부터 영세중립국을 인정받은 이래 영세중립국을 '평화의 나라'라는 이미지와 연계시켰다.

스위스는 이런 이미지를 '기술'에도 옮겨놓았다. 스위스의 명품시계는 17세기부터 널리 알려져 왔다. 그래서 스위스는 유럽에서 가장 뛰어난 수공업 기술자들을 많이 보유한 '기술의 나라'라는 국가 이미지를 지니고 있다. 스위스는 이 시계의 이미지를 기술과 연결시켰다. 스위스 제품은 스위스 시계처럼 정확하며 스위스의 근면한 기술자가 만들어낸다는 이미지를 부여하여 스위스 원산지의 프리미엄을 만들어냈다. 스위스는 정밀기계, 금속가공기계, 발전 및 선박용 터빈, 인쇄기기, 사진재료, 전자제품, 의료기기 등의 부문에서 뛰어난 제품을 생산하는 산업 강국으로 발전했는데 바로 기술의 나라라는 프리미엄이 상호작용을 했다. 스위스의 기술과 제품의 대부분은 수백 년 전부터 끊임없는 연구와 혁신을 통해서 오늘에 이르게 된 것이다.

스위스는 매년 유럽경영대학원(INSEAD)이 발표하는 '세계혁신지수Global Innovation Index'에서 1위를 차지하고 있다. 영세중립국, 평화와 인도주의의 나라, 정확하고 근면한 기술의 나라라는 국가 브랜드 이미지가 주는 호감도와 신뢰도를 활용한 스위스 금융권의 전략은 스위스를 세계적 금융 강국으로 성장시킨다. 철저한 비밀유지를 원칙으로 하는 공정하고 단호한 중립국의 이미지로 금융업을 운영하여 여러 형태의 자본이 스위스로 흘러들어오고 그 자본을 원동력으로 약소 중립국에서 강한 중립국으로 탈바꿈할 수 있게 되었다. 브랜드가 자본을 유인하는 것이다.

스위스의 국가 브랜드 마케팅 전략

스위스는 최고의 명품과 함께 최고의 가치를 갖는 상징을 개발하여 최고의 이미지를 부각시키는 마케팅에도 뛰어나다. 유럽에서 가장 높은 융프라우의 'Top of Europe' 기차와 건축물이 대표적 사례이다. 현재 스위스 알프스에는 34.6km의 세계 최장 육상터널이 있는데 해저터널을 포함하면 일본의 세이칸 터널(53.9km)과 영국·프랑스의 도버해협 터널(50.4km)에 이어 3번째이다. 스위스는 이보다 더 긴 57km의 세계 최장 터널을 알프스 고타르에 건설 중이며 2018년에 완공할 예정이다. 스위스는 청정 환경을 부각시키고, 부가가치가 높은 최고의 질을 유지하면서 관광자원으로도 활용하는 1석 3조의 이미지 마케팅을 하고 있다.

수제 초콜릿 제조 강국은 벨기에지만 전 세계적으로는 스위스가 더 알려져 있으며, 이탈리아산 커피를 제치고 스위스 네슬레의 네스프레소가 고급스러우며 세련된 커피 메이커로 인지되고 있다. 또한 룩셈부르크 등의 금융국가보다도 스위스가 세계적으로 더 잘 알려졌다. 미국의 MIT에 버금가는 독일의 명문 아헨 공대보다도 스위스 취리히공대가 유럽의 MIT로 잘 알려져 있다. 이것은 스위스의 브랜드 마케팅 능력이 세계적 경쟁력을 갖고 있음을 잘 보여주는 사례이다.

스위스는 지식산업도 성공적으로 마케팅하고 있다. 산간에 위치한 조그만 휴양 도시인 다보스는 다보스포럼으로 더

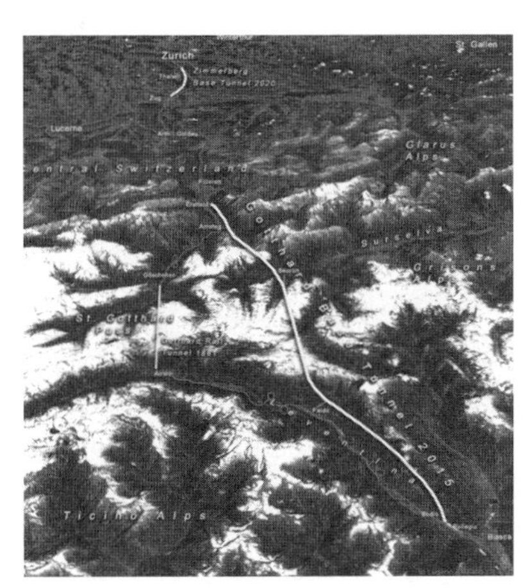

고타르 터널

다보스포럼
©World Economic Forum

욱 유명한데 이러한 소규모 도시에서 개최되는 행사가 국제적으로 명성을 얻는 데에는 행사 자체의 브랜드 마케팅이 성공의 비결이 되고 있다. 세계경제포럼(WEF)은 큰 관심을 모을 수 있는 토론 화제를 선정해 세계적으로 유명한 인사들을 초빙, 국제 네트워크 구축에 중요한 장으로서 자리매김하는 데 성공했다. 1970년 말에는 「국가 경쟁력보고서Global Competitiveness Report」를 도입한 이후 매년 발간하는데 국가 경쟁력에 관해 전 세계의 큰 관심을 받고 있다. 다보스포럼은 스위스의 국가 브랜드 제고에 큰 기여를 하고 있다.

스위스 제품의 브랜드 가치

스위스 주력 산업인 시계, 화학, 의약, 식품산업은 금융위기의 여파에도 계속 성장하고 있다. 스위스라는 국가 브랜드 때문이다. 스위스 제품(Swiss Made 혹은 Made in Switzerland)들은 전 세계적으로 명성이 높으며 품질·정확성·안전성 등으로 소비자들의 두터운 신뢰를 얻고 있다.

스위스 생 갈렌 대학의 조사에 따르면, 스위스 라벨이 부착된 농산물에는 약 20%, 명품에는 50%의 프리미엄이 붙는다고 한다. 특히 스위스 사람들은 스위스산이면 돈을 더 줘서라도 그 제품을 사겠다고 한다. 그만큼 스위스 제품 품질에 대한 국민의 믿음과 기대가 높다. 이 같은 인식이 전 세계 소비자에게도 보편화되면서 'Swiss Made' 자체가 브랜드 그리고 품질보증서로 자리매김하게 된 것이다. 이것은 단순히 질 좋은 제품을 만드는 기술뿐 아니라 'Swiss Made'에 대한 자부심, 애국심 그리고 국민의 끊임없는 이미지 개선 노력으로 얻어진 결과로 보인다.

스위스 제품은 고품질이라는 인식이 확산되면서 스위스산이 아님에도 불구하고 스위스산임을 주장하는 기업들이 늘어 소비자 그리고 실제 스위스 기업들이 피해를 보게 되자 2009년 '스위스 라벨Swiss Label'에 관한 법안이 연방의회에서 통과됐다. 식품의 경우 식품재료의 60% 이상이 스위스산일 경우 'Swiss Made'로 규정하게 됐으며 생산비용의 60% 이상이 스위스에서 발생해야 하고 산업제품 생산과정의 60% 이상이 스위스에서 이뤄져야 한다. 스위스 라벨은 해외진출이 어려운 중소기업의 해외시장 진출에도 적극 기여하고 있다. 524개 기업이 회원으로 등록돼 있다고 한다. 스위스 라벨은 스위스 국내뿐만 아니라 해외 주요 시장에서도 상표권을 등록해 스위스 라벨의 남용을 방지하고 있다.

  스위스의 이미지와 브랜드가 순조롭게 상향곡선을 그려온 것은 아니다. 긍정적으로만 인식되던 스위스의 국가 이미지가 1990년대 후반부터 유대인 학살자금 유입 문제, 스위스 에어의 파산 등으로 악화되기도 했다. 그리고 2000년대에 들어서면서부터는 세계 각국이 국가 브

스위스 라벨

랜드에 큰 관심을 보이자 스위스도 2001년 국가 마케팅을 전담하는 대외홍보처를 신설했다. 목표는 네거티브 이미지의 확산을 막고, 과거 요들송의 나라 이미지에서 탈피해 친환경적 현대적 이미지를 홍보하는 것이다. 스위스의 현재를 알리자는 뜻에서 기구 이름도 'Presence Switzerland'로 지었다. 스위스 관광객들에게 '스위스적인 것Swissness'을 알리는 것, 그리고 알프스 산맥만이 아닌 스위스의 창조적이고 현대적인 면을 느끼고 갈 수 있도록 관광 코스를 개발하는 것도 'Presence Switzerland'의 주요 업무 중 하나이다.

  이러한 목표로 스위스 대외홍보처는 2008년 베이징 올림픽 때 베이징 시내의 오래된 공장 건물을 개조해 '스위스의 집'을 개관하고 스위스의 친환경 기술과 에너지 기술, 서비스산업 등을 홍보했다. 스위스가 경쟁력을 갖고 있지만 국제적으로 잘 알려지지 않은 분야들이다. 스위스는 내륙 국가인데도 '살아 있는 바다, 숨 쉬는 연안'을 주제로 열린 2012 여수엑스포에 참가했다. 서울에서 '스위스 주간' 행사를 진행하고 광화문 세종문화회관 건물 외벽에서 스위스를 알리

는 대형 라이팅 쇼도 펼쳤다. 스위스 같은 브랜드 강국도 쉬지 않고 이미지 향상을 위해 열심히 노력하고 있다는 사실에 주목해야 할 것이다.

한국의 국가 브랜드 높이기

한국이 선진국에 진입하기 위해서는 선진화의 정도를 갈음할 수 있는 주요지표 중의 하나인 국가 이미지를 높이고 국가 브랜드 가치를 향상시키는 것이 첩경이라고 할 수 있다. 세계적인 브랜드 전략 전문가인 데이비드 아커David Aaker 버클리대학 교수의 말에 따르면, 국가 브랜드는 십 년 전만 해도 세계 각국이 개념조차 잘 몰랐을 뿐만 아니라 국가라는 주제를 가지고 깊이 있는 전략을 만드는 경우는 일부 선진국을 제외하고는 드물었다고 한다. 그는 브랜드 전략은 스스로의 약점을 분명하게 인지하는 작업부터 시작해야 하며, 약점을 극복하기 위해서는 국가 브랜드 이미지를 다른 나라와 차별화하고, 세련된 상징을 만들어내는 것이 중요하다고 말한다. 이러한 맥락에서 한국의 국가 브랜드 전략은 먼저 스스로의 정치·경제·사회·문화에 대한 전반적인 이해를 통해 한국 브랜드 이미지의 장단점을 알아내야 한다.

2009년 국가브랜드위원회와 삼성경제연구소의 NBDO 지표를 기준으로 볼 때 우리나라가 평균 순위보다 높은 부문은 과학·기술, 경제·기업이며 낮은 부문은 인프라, 국민, 현대문화, 유명인, 정부효율성, 전통문화·자연 순으로 나타나 있다. 안홀트 국가브랜드지수 조사 결과에서도 한국의 국가 브랜드가 저평가된 원인은 국제사회 기여 미흡, 정치·사회적 불안, 북한과의 대치상황 등이 꼽혔다. 이를 분석해 보면 한국 국가 브랜드의 강점은 IT강국, 글로벌 기업과 브랜드 제품, 경제발전, 우수한 문화유산, 한류이고, 약점은 안보불안, 정치권 협력부재, 경제 불안정, 과격한 노사분규 등이다.

국가 브랜드는 어떻게 높아질 수 있을까? 국가의 힘은 군사력, 경제력과 같은 경성적인 힘hard power과 연성적인 힘soft power으로 구성된다. 소프트파워란 문화나 가치와 같은 부드러운 힘으로 상대방을 자신 쪽으로 끌어들이는 영향력을 말한다. 국가 차원에서는 국가의 품격國格, 국가 이미지와 인지도를 말해주는 국가 브랜드가 바로 소프트파워이다. 오늘날과 같이 상호의존도가 심화한 세계화 시대, 지식정보화 시대에서는 하드파워보단 소프트파워가 영향력이 있다. 최근 소녀시대의 유럽공연, 싸이의 말춤이 전 세계를 강타하면서 한국의 이미지와 인지도가 크게 향상된 것으로 나타났다. '한류Korean Style'라고 하는 한국의 소프트파워이다. 2013년 1월 국가브랜드위원회와 삼성경제연구소의 NBDO 모델로 조사한 국가 브랜드 지수에서 한국의 국가 브랜드 순위가 이들 한류 덕분에 2단계 상승했다고 한다.

최근에는 스마트파워가 강조되고 있다. 9.11테러 이후 미국에서 개발된 개념으로 하드파워와 소프트파워의 조화로운 균형을 의미한다. 한국은 50년 전 최빈국에서 개도국, 신흥국을 거쳐 선진국의 문턱에 와 있는 '개발과 성장'의 아이콘으로 모든 개도국의 롤 모델이자 희망의 상징이 되었다. 경제력이라는 하드파워와 성장 경험을 전수할 수 있는 맞춤형 소프트파워, 즉 한국형 스마트파워라는 강점을 갖고 있는 것이다. 이 강점을 최대한 살려야 한다.

또 한 가지 한국의 강점은 IT 강국이라는 이미지이다. IT강국과 개발 원조를 아우른 맞춤형 '디지털 공적개발원조'는 한국형 스마트파워로써 다른 나라와 차별화된 브랜드 전략이 될 수 있다. 그리고 정보기술 강국 이미지를 살려 'IT 만국 박람회'를 개최하는 것도 생각해 볼만하다. 이제까지 한국이 '밖으로 나가는 세계화' 전략이었다면 이제는 '안으로 불러들이는 세계화'도 병행할 필요가 있다. 이렇게 양방향으로 한국의 성공모델을 세계화하여 한국의 국가 브랜드로 자리매김해 나가는 것이다.

스마트파워의 개척자라고 할 수 있는 미국 하버드대학의 조지프 나이Joseph Nye 교수는 일본이 경제대국임에도 국제적 영향력을 발휘하지 못하는 이유가 일본의 내향적 문화에 있다고 지적한 바 있다. 세계대전의 전범이자 유대인 대학살로 악명의 대명사가 된 독일의 브랜드 파워는 오늘날 세계 1위이다. 이유는 최고 제품 생산, 확고한 민주정치체제, 스포츠강국, 비즈니스 신뢰성의 바탕 위에 '화해를 위한 과거의 반성'을 올려놨기 때문이다.

이러한 관점에서 우리 사회는 전 세계인과 더불어 살아가야 한다는 공동체 의식과 경제 강국에 걸맞은 노블레스 오블리주를 실천하는 글로벌 시민의식을 강화해야 한다. 경제력 세계 10위권인 한국의 브랜드 가치는 30위권, 경제력 20위권의 스위스 브랜드 가치는 세계 1위이다. 한국 제품이 독일이나 일본산에 비해 30~40% 낮은 가격을 받는다는 것은 왜 한국이 국가 이미지를 높이고 브랜드 가치를 높여야 하는지 이유를 설명해 주고 있다.

코리아 디스카운트부터 극복하자

한국의 국가 브랜드가 한국의 경제력에 비해 저평가되는 가장 중요한 원인은 한국의 긍정적인 모습보다는 부정적인 모습이 외국인에 더 많이 인식되는 데 있다. 바로 코리아 디스카운트Korea Discount이다. 한국 제품이 제값을 못 받고 세계 10위권으로 성장한 경제력만큼 평가받지 못하는 이유이다. 이것부터 극복해야한다.

코리아 디스카운트의 첫 번째는 분단과 북한 핵 문제와 같은 안보불안 문제이다. 분단국으로 남북 간 긴장상태에 있다는 외국인의 인식은 약 87%인 반면 한국이 선진국 클럽인 OECD의 회원국임을 아는 비율은 36% 정도에 불과하다고 한다. 북한 핵 같은 안보불안 문제는 현실적으로 해결하기 어려운 코리아 디스카운트라고 할 수 있다. 한국의 긍정적 이미지를 부각시켜 안보불안을 상쇄시켜 나가는 노력을 계속해야 한다.

다음으로 한국 사회의 전투적인 시위문화, 국회에서의 난동과 같은 폭력적인 정치·사회 현상이다. 과거 붉은 띠를 동여맨 노사분규의 현장과 국회의장석을 점거하고 몸싸움을 하는 국회의원들의 모습이 연일 외국 언론매체를 통해 전 세계에 반복 보도되면서 한국 국회는 '세계 5대 폭력국회'란 오명을 얻었다. 이러한 이미지는 매우 오랫 동안 지속되는 경향이 있다.

해외에서의 '추한 한국인ugly Korean' 이미지도 심각하다. 1,300만 명이 넘는 한국 관광객이 연중 해외를 누비고 있다. '졸부 한국인'의 관광추태는 조금씩 개선되고는 있으나 점잖지 못한 행동으로 주변의 눈살을 찌푸리게 하는 경우는 여전하다.

동남아시아 관광지에는 '만지지 마시오' '떠들지 마시오' 등의 한국어 경고 문구가 붙어 있었다. 최근에는 악명 높은 '보신 관광'이 여전히 성행한다는 얘기가 들리고 있다. 베트남의 반달가슴곰 농장에서 쓸개즙을 뽑아 소주와 섞어 마신다는 한국인들은 누구인가. 오죽했으면 한국인의 만행을 보다 못해 국제동물보호단체가 한국을 찾아와 건전한 여행 문화를 만들어가자고 호소했을까.

일본도 지난날 경제동물, 섹스관광, 기생문화와 같은 이미지에 휩싸인 적이 있다. 그러나 일본은 2005년부터 '아름다운 나라 만들기', '신 일본양식Japanese Modern'이라는 국가 브랜드 높이기 전략을 추진하고 일본의 생활문화 전반을 리모델링하면서 경제동물 이미지에서 벗어났다. 이 프로젝트는 국가 주도로 추진되었지만 각계 전문가들의 참여와 대다수 국민의 공감대가 형성되어 성공할 수 있었다.

당시 일본 내 부모가 자식을, 자식이 부모를, 남편이 아내를, 어린이가 어린이를 살해하는 엽기적 사건들이 횡행하면서 일본이 달라져야 한다는 사회적 위기감도 한몫을 했다. 2009년 세계적인 인터넷 여행사인 익스피디아가 세계 각국의 4만 개 호텔 종업원과 경영자 4,500명을 대상으로 설문조사한 결과 일본인 투숙객이 예의, 청결함, 조용함, 참을성 등에서 1위를 차지해 종합점수가 가장 높게 나타났고, 2위 영국, 3위 캐나다, 4위 독일, 5위 스위스로 나타났다. 27개 국 중 프랑스가 가장 낮은 점수를 받았다고 한다.

다음으로 한국에는 오래된 문제이지만 줄어들지 않는 부정적 이미지가 있다. 해외 입양아 문제이다. 1950년 6·25동란 이후 전쟁고아가 미국에 입양된 이래 여전히 한국 입양아 수는 줄지 않고 있다. 미국 내 한국 입양아는 중국, 과테말라, 러시아에 이어 4번째로 많다. 한 해에도 2,000여 명의 입양아가 미국에 보내지고 있다.

한국 사회는 어느새 다문화 사회로 급속히 전환되고 있다. 현재 국내 체류 외국인 수는 100만 명이 넘었고 국제결혼 수가 20만 건을 상회하고, 농어촌 지역에서는 한 해 약 40%가 국제결혼이라고 한다. 이들의 2세들이 벌써 초·중·고교에 다니고 있다. 이들이 경험하는 한국 사회의 차별적 인종주의와 배타적 민족주의는 한국인과 한국 사회를 더욱 편협한 이미지로 각인시킬 수 있다. 더욱이 이러한 국제 결혼 중개업체가 1,200개가 넘는다고 하는데 이 중 많은 업체가 마구잡이로 무책임하게 운영하고 있다. '사기 결혼'이라는 비인륜적이고 상업적인 이미지를 해외에 수출하는 것이다. 국내에서 일하는 외국인 근로자에 대한 차별적이고 편협한 태도도 문제이다.

한국은 국제사회에서 원조에 인색한 나라로 인식되고 있다. 개도 국 지원 규모가 경제협력개발기구 34개 회원국 중 최하위이다. 전체 GNI의 0.1%도 안 된다. 스웨덴의 1/20도 안 되고 한국보다 소득이 낮은 포르투갈의 1/4 수준에 불과하다. 대외개발협력기금ODA을 대폭 증액하고 한국 국제협력단(KOICA)의 활동 강화를 통해 '자린고비' 이미지를 극복해야 한다.

또한 OECD 34개국 중 최하위인 사회복지지출, 성별임금격차와 가정폭력(33위), 빈곤율(28위), 행복지수(32위), 고용률(21위), 국가신뢰지수(26위), 부패지수(27위) 등도 선진국 진입을 위해서는 넘어야 할 산이다. 특히 부정, 부패, 비리 문제는 심각하다. 국제투명성기구에서 발표한 '부패인식지수(CPI)'에서 178개국 중 39위에 올라 개발도상국 수준에 머물러 있다. 한국에서 기업 하는 외국인들에 의해 늘 지적되는 문제로 한국의 기업환경과 투자환경에 영향을 주고 있으며, 국가 이미지와도 관련이 크기 때문에 시급히 척결되어야 할 과제이다.

제9장
작지만 강한 나라
스위스의 국가 경쟁력

국가도 경쟁을 하는가?

경쟁력의 사전적 의미는 '경쟁할 만한 힘 또는 그런 능력'이다. 따라서 경쟁력이 높다는 것은 경쟁할 만한 힘이 크다는 뜻이고, 경쟁력이 낮다는 것은 경쟁할 만한 힘이 그만큼 적다는 것을 의미한다. 일반적으로 국제시장에서 경쟁하는 주체는 기업이고 심판은 소비자다. 소비자의 선택을 받은 기업과 그 제품은 승자가 되고 선호도가 떨어지면 패자가 되는 주엄한 경쟁의 법칙이 적용된다.

그래서 각 나라는 국제사회에서의 국가 경쟁력을 높이기 위해 법과 제도를 개선하고 효율적인 정책과 전략을 수립해서 시행한다. 정부의 이러한 노력 자체도 국가 경쟁력의 중요한 부분을 구성하게 된다. 올림픽 경기에서 스포츠 경쟁력의 국가별 순위가 결정되는 것과 마찬가지로 국가도 경쟁하고 있는 것이다. 이러한 의미에서 국가 경쟁력은 기업이 다른 나라의 기업들과 세계시장에서 성공적으로 경쟁할 수 있게 하는 가장 효율적인 사회구조, 제도 및 정책을 제공하는 국가의 총체적인 능력이라고 할 수 있다.

국가 경쟁력이란 용어는 마이클 포터Michael Porter 미국 하버드대 교수가 처음 사용했다고 한다. 그는 기업의 대외경쟁력, 즉 국제적 경쟁력이 기업 내부의 경영효율뿐 아니라 기업 외부의 여건에 의해서도 좌우된다는 점에 착안해 국가 경쟁력이란 개념을 도입했다고 한다. 오늘날 국가 간의 장벽이 낮아지고 자본과 노동 등 생산요소가 자유로이 이동하는 세계화 시대에서는 개인이나 기업이 무한경쟁의 상황에 직면하게 되고 이러한 주어진 조건하에서 국가 경쟁력은 한나라의 경제성장과 대외경쟁력을 결정하는 핵심요인으로 간주되고 있다. 이러한 국가 경쟁력은 장기적으로는 국가의 지속 가능한 성장을 통해 선진국으로의 발전방향을 제시해 준다는 점에서 우리의 주목을 끌고 있다.

이러한 맥락에서 국가 경쟁력을 평가하는 여러 종류의 기준과 지수가 등장했다. 세계은행의 기업하기 좋은 환경순위, 헤리티지재단의 경제자유지수, 국제투명성기구의 부패인식지수, 무디스와 피치의 국가신용등급, 유엔연합개발계획의 인간개발지수, 퓨처브랜드사의 국가브랜드지수 등 종류도 다양하다. 그러나 이들 평가는 각 기관의 관심사에 따라 상이한 평가기준을 가지고 발표되는 만큼 객관적인 국가 경쟁력의 척도로 보기는 어렵다. 비교적 종합적인 관점에서의 국가 경쟁력은 스위스의 세계경제포럼(WEF)과 국제경영개발원(IMD)이 조사해서 발표하고 있다.

IMD는 국가 경쟁력을 '한나라의 경제 환경 및 여건이 지속적으로 부가가치를 창출하여 국부를 증가시킬 수 있는 능력'이라고 정의하고 있다. 이는 모든 나라가 경쟁력 창출 자원과 창출 과정을 관리, 경영하기 위해 독자적으로 경제적·사회적 해결 방안을 자유롭게 선택하여 환경에 기민하게 반응할 때 경쟁력이 가장 잘 성장할 수 있다는 고전적 시장주의에 기초하고 있다. IMD는 해당 국가와 지역경제의 공식통계(2/3)와 민간기업 경영자를 대상으로 한 설문조사 결과(1/3)를 분석해 국가 경쟁력 순위를 평가해서 「세계경쟁력 연감」을 발표하고 있다. 먼저 국제통계로는 29개 OECD 국가와 18개 신흥공업국 및 시장경제 참여국을 대상으로 국제기구, 지역 또는 민간기구, 그리고 각국 정부로부터 수집하고 있다. 설문조사는 세계 4,000여 명의 최고경영자들을 대상으로 이루어진다.

WEF은 IMD와는 다른 방식으로 국가 경쟁력을 평가하고 있다. WEF는 국가 경쟁력을 '지속적 경제성장과 장기적인 번영을 가능하게 하는 정책·제도 및 제반 요소'라고 정의한다. 국가 경쟁력 평가를 위해서 제도적인 요인, 인프라 시설, 거시 경제, 보건·초등교육, 고등교육·직장훈련, 시장효율성, 과학기술 수준 그리고 기업 활동의 성숙도·혁신 등 9개 지표에 대한 통계 자료와 설문조사 결과를 분석해서 경쟁력을 산출하고 국가별 순위를 평가하고 있다.

IMD는 경영대학원이라는 기관의 성격을 반영하여 기업 입장에서 분석하는 측면이 있는 반면 WEF는 경제 성장론적인 입장에서 평가하기 때문에 다소 관점이 다르다. 또한 WEF는 IMD에 비해 설문조사 항목의 비중이 훨씬 높음에도 불구하고 가중치는 낮게 설정하고 있다는 점에서 보다 객관성을 보여주고 있다. 그리고 국가 경쟁력은 단기간에 변동하기 어려운 성격이 있는데 IMD의 평가는 변동성이 매우 크고 WEF는 비교적 작다는 점에서 WEF의 신뢰도가 높다는 평가를 받고 있다.

한국 국가 경쟁력의 현주소

한국의 국가 경쟁력은 어느 정도로 평가되고 있을까? 경제적 규모와 구조상의 기준으로만 보면 한국은 이미 선진국이다. 세계에서 유례가 드문 초고속 경제성장의 대표적인 사례로 꼽힌다. 그러나 한국 사회는 불안정 요인이 산재해 있다. 정치적 분열, 이념 갈등, 사회·경제적 양극화, 청년실업과 고령화, 성장잠재력 저하 등으로 어려움을 겪고 있다. 그래서 한국의 국가 경쟁력이 선진국 수준으로 개선되었는지 혹은 내실이 부족한 것 아닌가 하는 의문이 제기되고 있다.

이런 의문들 때문에 국내외에서 발표되는 각종 국가 경쟁력 관련 지수가 큰 주목을 받고 있다. 경쟁력지수는 등락을 반복하고, 각종 지수별 순위도 다양하지만 공통된 특징은 IT경쟁력지수나 전자정부지수 등 소위 하드웨어 중심의 지수에서는 한국이 선진국임이지만 부패지수, 환경지속성지수, 여성권한지수, 행복지수 등 삶의 질에 영향을 미치는 사회적 소프트웨어 중심의 지수에서는 아직도 중하위권에 머물러 있다는 점이다.

먼저 2012년 IMD가 발표한 「세계경쟁력연감」의 국가 경쟁력에 의하면 한국은 조사 대상 59개 국가 및 지역 경제 가운데 22위를 차지했다. 한국은 2008년 이후 3년 연속 상승해 2008년 31위, 2009년 27위, 2010년 23위, 2011년 22위로 지난 1997년 IMD 조사 이후 최고 수준을 유지했다. 국가별 국가경쟁은 홍콩이 1위를 차지했고 미국, 스위스, 싱가포르, 스웨덴 등이 뒤를 이었다. 한국은 4대 평가 분야인 기업효율성(25위), 경제성과(27위), 정부효율성(25위), 인프라 분야(20위)에서 중위권, 국내경제(16위), 고용(8위), 공공재정(10위), 기술 인프라(14위), 과학 인프라 분야(5위)는 상위권이었다. 반면에 국제 투자(42위), 물가(54위), 기업관련 법규(42위), 사회적 여건(32위), 생산

IMD의 국가 경쟁력 순위 (2012년)

순위	국가	순위	국가
1	미국	24	일본
2	스위스	25	뉴질랜드
3	홍콩	26	벨기에
4	스웨덴	27	태국
5	싱가포르	28	프랑스
6	노르웨이	32	멕시코
7	캐나다	33	폴란드
8	아랍 에미리트	34	카자흐스탄
9	독일	35	체코
10	카타르	36	에스투니아
11	타이완	37	터키
12	덴마크	38	필리핀
14	네덜란드	39	인도네시아
15	말레이시아	40	인도
16	호주	41	라트비아
18	영국	42	러시아
19	이스라엘	43	페루
20	핀란드	44	이탈리아
21	중국	45	스페인
22	한국	46	포르투갈
23	오스트리아	47	슬로바키아

출처:국제경영개발원(IMD)

성·효율성(32위) 분야는 취약한 것으로 나타났다.

한편, WEF의 2012년 국가 경쟁력 순위평가에서는 한국이 전체

WEF의 국가 경쟁력 순위 (2012년)

순위	국가	'11	순위	국가	'11
1	스위스	1	11	카타르	14
2	싱가포르	2	12	덴마크	8
3	핀란드	4	13	타이완	13
4	스웨덴	3	14	캐나다	12
5	네덜란드	7	15	노르웨이	16
6	독일	6	16	오스트리아	19
7	미국	5	17	벨기에	15
8	영국	10	19	한국	24
9	홍콩	11	20	호주	20
10	일본	9	21	프랑스	18

출처:세계경제포럼(WEF)

144개 국가 중에서 19위를 차지, 2011년보다 5단계 상승했다. 한국은 지난 2009년 전체 19위, 2010년 22위, 2011년 24위로 3년 만에 19위를 회복했다. 이는 IMD 국가 경쟁력 순위인 22위보다 높은 것이기도 하다. 국가별로는 스위스가 4년 연속 1위를 차지했다. 싱가포르가 2위, 핀란드는 3위를 기록했다. 아시아 국가에서는 홍콩 9위. 일본 10위. 중국이 29위이다. 한국은 보건 및 초등교육·상품시장의 효율성, 거시경제 환경·기업혁신, 인프라, 고등교육·훈련, 기술수용의 적극성, 시장규모 등은 10위권을 나타냈지만 제도적인 요인과 노동시장의 효율성, 금융시장의 성숙도 등은 60위권 밖에 포진되는 등 낙후하다는 평가를 받았다.

한국은 19위라는 비교적 양호한 성적에도 불구하고 세부항목에서는 111개 항목 중 약 10%에 해당하는 12개 분야에서 144개국 중 100위권에도 들지 못했다. 세계 10위권 경제 대국이라는 위상에 걸맞지 않은 낙제점을 받은 셈이다. 이 결과는 고질적인 한국병이 여전히 사라지지 않고 있다는 점을 보여준다. 정부와 정치권의 비효율성, 대립적 노사관계 등과 가계부채에 짓눌려 있는 은행 건전성도 하위권이다. 세부적으로 보면 제도적 요인이 가장 문제가 많다. 정부 정책결정의 투명성(133위), 정치인에 대한 공공의 신뢰(117위), 정부 규제 부담(114위), 정부 지출의 낭비 여부(107위), 기업 이사회의 유효성(121위), 소수 주주의 이익 보호(109위)가 취약점이었다. 노동시장의 효율성도 여전히 미흡했고 노사간 협력(129위), 정리해고 비용(117위), 고용 및 해고 관행(109위)도 좋지 못했다.

선진국(OECD)과 한국의 국가 경쟁력

지속적 성장의 관점에서 한국의 국가 경쟁력을 선진국의 국가 경쟁력과 비교 검토해 볼 필요가 있다. 2011년 한국정부는 OECD 34개국과 한국의 각종 지표를 비교 분석해서 「국가 경쟁력 보고서」를 만들었다. 보고서는 IMF, WB 등 국제기구의 통계 지표를 바탕으로 경제, 사회통합, 환경, 인프라 네 부문을 평가했다.

첫째, 경제부문은 비교적 경쟁력이 높았다. 거시경제지표와 기술혁신 부문 모두 상위권이었고, 총외채 비중은 회원국 중 가장 적었으며, 제조업 부가가치 비중은 가장 높았다. 국내총생산은 OECD 국가 중 10위를 기록했으며, 무역규모는 8위, 특히 경제성장률과 잠재 경제성장률은 전체 2위를 차지했다. 경제 총량부문에서는 거의 선진국을 따라잡은 수치다. 그러나 청년 고용률이 뒤에서 여섯 번째였고, 불안정한 일자리인 자영업 비중이 30개국 중 네 번째로 높았다. 1인당 국민소득은 OECD 34개 국가 중 26위에 그쳤다. 연평균 근로시간은 OECD 국가 중 가장 오래 일하는 것으로 나타났다. 산업재해 사망률은 비교대상 23개 국가 중 22위를 기록해 근로 환경도 최악의 수준이었다. 근로자 10만 명당 산재 사망자는 OECD평균 4.8명이었으나 한국은 18명이나 됐다.

둘째, 사회통합 부문에서 소득분배와 양성평등 등 형평성 지표는 모두 하위권이었고 교통사고나 산업재해 등 안전 부문도 낮은 점수를 받았다. 소득 불평등을 나타내는 지니계수와 빈곤율은 각각 24위와 20위를 기록해 소득 양극화 수준도 다른 나라에 비해 심했다. 임시직 근로자 비율도 전체 31개 비교대상 국가 중 6위를 차지해 고용 양극화도 심각한 것으로 분석됐다. 정부부채는 31개 국가 가운데 4위를 기록해 양호한 재정 상태를 보였지만, 가계부채 부문에서는 18위로 떨어져 국민이 지고 있는 빚 부담은 비교대상국 가운데 중하위원에 그쳤다. 사회통합에서 중요한 지표인 신뢰지수는 1.7로 OECD 평균(1.6)보다 높아 신뢰도가 높았다. 낯선 사람에 대한 신뢰도도 4위였다. 모르는 사람을 도와준 적이 있는 사람의 비중을 나타내는 사회지원 비중 현황에서는 41.5%로 OECD 평균 46.5%에 못 미쳤다. 반면 한국의 부패지수 순위는 30개 나라 중 22위로 여전히 하위권에 머무르고 있고, 법치 수준도 34개국 가운데 25위를 기록해 국민의 법의식이 낮은 것으로 나타났다.

셋째, 환경 부문에선 환경 부하와 이산화탄소 배출량이 높았지만 도시 쓰레기 재활용률은 28개국에서 가장 높았다. 정부가 환경보호를 위해 지출하는 예산의 비율도 29개국 중 세 번째로 높았다. 환경 부문에서도 한 사람이 배출하는 이산화탄소 증가율과 1인당 에너지 소비량은 각각 28위와 25위를 차지해 하위권을 맴돌았고, 신재생 에너지 비율은 34위로 OECD 국가 중 꼴찌였다. 다만 도시쓰레기 재활용률이 1위를, 환경보호 지출이 3위를 기록해 환경보호 시스템은 잘 갖춰진 것으로 평가됐다.

넷째, 인프라 부문에서는 법치 신뢰가 낮고 부패지수는 높아 사회 자본이 부족하다는 점이었다. 도로나 철도, 통신과 전력 등 물적 자본은 충분하지만 사회 분위기는 아직 성숙하지 않았다는 의미다. 또 교육수준은 높았지만, 교사 1인당 학생 수는 30개국 중 세 번째로 많았고, 인구밀도 역시 29개국 중 가장 높은 것으로 나타났다. 기술혁신이나 교육부문에서 양적인 투입은 세계 상위권이지만 질적으로는 처지는 것으로 조사됐다. GDP대비 R&D 지출비율은 3위, 이공계대학 졸업자 비율은 2위로 최상위권이었지만 박사학위 취득자 중 이공계 비율은 27위, 논문 1편당 피인용 횟수는 22위로 하위권에 머물렀다. 대학졸업자 비중(63%)도 OECD 국가 중 가장 높았고, GDP대비 공교육 지출비중도 2위를 차지해 교육에 대한 적극적인 투자가 이뤄지고 있었다. 그러나 인구대비 우수대학 수는 24개 국 중 17위로 대학은 많으나 세계적인 대학은 적었다. 그 결과 한국에 공부하러 오는 유학생 순 유입률도 23위로 하위권을 기록했다.

종합적으로 볼 때 한국은 양적으로는 10위권의 선진국, 질적으로는 30위권의 중진국으로, 외형은 성인이지만 내면적으로는 부실한 모습이다. 국가 경쟁력은 경제만 우등생이다. 나라는 부자인데 국민의 삶은 고달프다. 경쟁력이 취약한 기술혁신·사회자본·고등교육·양극화·외국인력 유치·중소기업 등 6개 분야에 대한 개선이 요구된다. 국가 경쟁력이 취약한 부분을 향상시켜 나가는 데 있어서 한국과 유사한 환경과 규모를 갖고 있는 선진국을 벤치마킹하는 것이 중요하다. IMD의 장 피에르 레만Jean Pirre Lehman 교수는 유럽의 강소국 네덜란드, 스웨덴, 스위스, 오스트리아를 연구하면 한국이 무엇을 배워야 할지를 분명히 제시할 수 있을 것이라고 충고한다.

스위스 국가 경쟁력의 원동력

21세기 들어 세계 각국은 냉전체제의 종식과 지식정보화 사회의 도래에 따라 변화된 새로운 환경에 적응하면서 새로운 경쟁력을 확보하기 위한 노력을 경주하고 있다. 이러한 상황에서 20세기 세계화의 모범국가로 산업화 시대를 주도했던 스위스를 주목해 볼 필요가 있다. 2012년 스위스는 WEF가 세계 125개국을 대상으로 조사한 국가 경쟁력 지수에서 1위를 기록한 것으로 나타났다. IMD가 발표한 세계경쟁력연감의 국가별 국가 경쟁력에서도 스위스는 4년 연속 1위를 차지했다. 싱가포르가 2위, 핀란드가 3위, 스웨덴이 4위, 네덜란드가 5위, 독일이 6위, 미국이 7위, 영국이 8위, 홍콩과 일본이 각각

9위와 10위에 랭크됐다. 무엇이 스위스의 국가 경쟁력을 1위로 만들었을까?

첫째, 직접민주주의와 정치·사회적 안정성이다. 스위스의 가장 큰 특징 중 하나인 영세중립국, 칸톤 중심의 지방자치 그리고 주민투표로 대표되는 직접 민주주의 제도의 정착은 스위스가 세계 어느 나라보다 자유롭고 안정적인 정치·경제 환경을 갖출 수 있는 토대를 제공하였다. 스위스의 개방성이 다양성과 통일성의 조화를 이루어 20세기 세계화의 모범국가가 될 수 있었다. 이러한 통합의 중요한 장치는 바로 대의제 민주주의를 보완한, 스위스 국민의 직접투표를 통한 칸톤 중심의 주민 자치제도이다. 스위스는 1848년 헌법 이래 교육, 사법 등 주요 문제에 대해서는 각 칸톤과 읍·면의 주민투표로, 국가 전체 문제는 국민투표로 결정해 오고 있다. 특히 시민발의제도는 스위스 직접민주주의의 가장 큰 특징 중의 하나로 언어, 인종, 종교 등의 다양성을 통합하여 20세기 산업사회의 발전을 이끌고 세계 최고수준의 경쟁력을 확보하는 데 크게 기여하고 있다.

둘째, 대외개방형 강소국 경제체제를 들 수 있다. 스위스의 통합정신은 개방성으로부터 출발해 영세중립국으로 발전한다. 우선 종교·사상의 자유를 보장해 온 역사적 전통은 볼테르, 제임스 조이스James Joyce와 유대인들에게 공산주의와 나치즘을 벗어날 수 있는 피난처를 제공했다. 국제적십자사, 국제연합본부, 국제난민고등판무관 등 각종 국제기구가 제네바에 모여들었으며 냉전시대에는 레이건과 고르바초프의 미·소 회담 등 각종 평화회담과 조약이 제네바, 바젤, 베른, 취리히 등 스위스에서 개최되는 근원을 제공해왔다. 스위스의 개방성은 경제적 측면에도 반영되어 5,000여 개의 다국적기업이 스위스에 위치하고 있고 헤르만 헤세, 찰리 채플린, 아인슈타인 등 문학, 예술, 과학 분야의 유명인사도 스위스에서 자신의 분야를 넓혀갔다. 채플린은 스위스로 이주하여 여생을 마감했다.

스위스는 개방성을 통해 유입된 다양한 요소들을 통일성의 정신을 통해 접목시켜 새로운 경쟁력을 창출해 내고 있다. 4개국 언어의 공용화 정책은 스위스 국민에게 2개 이상의 언어 습득 기회를 제공하여 인적 경쟁력을 확장하였고 종교이념, 인종에 대한 개방성은 우수한 인력, 기술, 자금의 유입으로 연계되어 스위스 제조업과 금융 산업의 발전으로 직결되었다. 이러한 전략적 개방형 자율경제 체제가 다양성과 통일성이 공존하는 스위스의 독특한 정신에 의해 새로운 국가 경쟁력을 창출하고 있다.

셋째, 직업훈련 교육과 질 높은 인적자원이다. 스위스 국가 경쟁력의 원동력이 사람, 즉 효율적인 인적자원에 있음은 더 이상 설명을 필요로 하지 않을 것이다. 유일한 자원인 인적 자원을 극대화하고 교육제도를 혁신해 나가는 스위스의 노력을 앞서 살펴본 바 있다. 다만 국가 경쟁력의 제고 차원에서 스위스 직업학교 학생이 학교와 직장을 동시에 다니며 기술을 익히는 이중 시스템Dual System을 적극 활용해 고숙련 기능 인력을 육성하고 산학협력을 극대화하고 있다는 점은 다시 지적해 둘 필요가 있다. OECD에 따르면 학교에서 직업교육을 받는 고등학생의 비율은 스위스가 64%나 된다.

넷째, 세계시장을 주도하는 고부가가치 산업이다. 스위스는 빈약한 자원의 작은 국가라는 약점에도 불구하고 스위스의 전통적 강점을 살리면서 미래경쟁력을 확보할 수 있는 선택과 집중으로 금융·관광 산업 등 대표 서비스산업과 첨단기술 우수인력 풍부한 자본을 바탕으로 한 고급시계, 정밀기계산업, 의약·화학 산업 등 세계수준의 경쟁력을 보유한 제조업강국을 건설했다.

시계산업의 경우 약 650여 개의 중소업체가 연간 100억 달러 이상을 수출하여 전체 수출의 8%를 차지하고 있다. 스위스 시계 산업은 최초의 손목시계, 최초의 수정시계, 최초의 방수시계를 만들어 내는 등 끊임없는 혁신 및 창조적 상품 개발로 오늘날 전 세계 시계 시장의 50%를 점유하고 있다. 스위스 화학 산업도 시작 단계에서부터 협소한 국내시장과 석유 등 원자재 결핍에 따라 전 세계 시장을 염두에 두고 고부가가치의 특수화학 제품 생산에 초점을 맞추었다. 화학 산업은 연간 250억 달러를 수출해 전체 수출의 30%를 차지하고 있다. 스위스의 제약업체는 노바티스, 로슈와 같은 대형회사와 400여 개의 중소업체가 있으며 대부분 전 세계로 수출을 하는 기업들이다. 이들이 생산하는 약품은 세계 시장의 10%를 점유하고 있다. 이들 제약업체 역시 끊임없는 연구개발과 혁신으로 고부가가치 제품을 생산하여 스위스의 국가 경쟁력 1위를 떠받치는 원동력이다.

다섯째, 스위스의 '히든 챔피언'도 세계적인 경쟁력을 갖고 있다. 스위스는 30만 개 기업 중 99.7% 가 중소기업이지만 고부가가치 품목으로 세계시장점유율이 높은 히든 챔피언이 대다수로 법인세 부담액이 매우 높아 대기업보다 국가재정에 대한 기여도가 크다. 한국의 중소기업도 전체기업수의 99%, 고용의 88%를 차지하는 점에서는 스위스와 별 차이가 없지만 법인세 부담액이 10%이하로 부가가치 창출

능력이 매우 낮다. 이들 히든 챔피언은 글로벌 틈새시장을 찾아내 주력 분야에서 독자적인 영역을 쌓으면서 가족주의 문화에 입각해 장기적인 관점으로 경영하고 기술혁신을 추구하고 차입경영을 최소화해 글로벌 위기에도 흔들림 없이 성장하는 기업들이다.

여섯째, 무엇보다 R&D와 끊임없는 혁신의 창조경제가 경쟁력의 원동력이다. 스위스 전체 연구개발 투자의 3/4을 담당하고 있는 스위스 기업들의 특수 분야에서의 기술우위 선점과 혁신 노력이 국가 경쟁력 1위의 또 하나의 비결이다. 그중에서도 과학 연구기관의 질(1위), 기업의 연구개발 지출(1위), 대학과 기업 간 연구개발 협력(1위), 지적재산권 보호 정도(3위) 기업혁신과 성숙도가 뛰어나다. 스위스 국가 경쟁력의 결정적인 힘은 연구개발 투자의 성과에 있다. 기초 과학 연구와 기술 개발을 위한 시스템이 잘 갖추어져 있는 데다 투자도 적극적이기 때문이다.

스위스의 연구개발 투자는 전 세계 연구개발 투자의 2.9%를 차지하는 한국보다 높은 3.6%를 차지하고 있는데 이 수치는 양국의 경제 규모를 고려할 때 엄청난 투자가 아닐 수 없다. 그래서 스위스는 연구개발 투자와 환경이 좋아 과학자의 천국으로 불리기도 한다. 연구개발 투자의 성과는 스위스가 2006년까지 물리, 화학, 의학 등 과학 분야에서 23명의 노벨상 수상자를 배출하였고 인구 대비 노벨상 수상자를 가장 많이 배출한 국가라는 사실에서 미루어 짐작할 수 있다.

스위스가 유로존의 재정위기와 글로벌 경제위기에서도 성장을 지속할 수 있는 이유는 화학제약, 정밀기기, 식품, 금융 등 제조업과 서비스산업이 균형 있게 발달하였고 고부가가치 전략을 실현하기 위한 이들 기업의 끊임없는 혁신에 있다고 해도 과언이 아니다. 혁신의 배경에는 스위스 기업이 있다. 정부 차원에서도 R&D를 적극 장려하고 있으나 기업 부문의 R&D 투자비중이 3배나 더 높다.

일곱째, 대학과 기업의 산학협력을 보자. 스위스의 경쟁력을 높여주는 요인의 하나는 활발한 산학연대협력이다. 특히 응용과학에 특화된 로잔 공대에는 120개국에서 교수 370명과 학생 8,500명(박사 1975명 포함)으로 다양하며, 외국인 비중은 전체의 45%를 차지하고 있다. 대학 캠퍼스에는 기업이 입주한 이노베이션 스퀘어와 사이언스 파크를 조성하여 대학과 기업의 경계를 허물었다. 노바티스, 시스코 등 11개 글로벌 기업과 100여 개 벤처기업의 1,150명과 대학 연구진이 함께 R&D를 하고 있는 셈이다. 이곳에서 연평균 발명 90건, 특허출연 45건, 라이선스 취득 45건, 벤처창업 15건이 창출되고 있다.

스위스는 첨단기술 유출을 우려하기보다는 해외의 우수 인재 영입 또는 국내외 프로젝트 팀워크를 통한 기술개발을 촉진하고 해외교류 기회를 늘려 글로벌 시장진출을 장려하고 있다. 특히 스위스 정부에서는 R&D를 지원하면서 기술이전 또한 적극 장려하고 있다. 연구기관, 연방공대 등에서 개발한 기술 및 연구결과를 기업과 연결시키는 프로그램들이 있으며 중간에 연구기관의 연구결과를 상용화해서 다시 기업에 넘기는 프로그램도 있다.

여덟째, 완전고용을 창출하는 선순환 산업구조이다. 시계, 은행, 관광의 3대 산업은 스위스의 상징인 동시에 일자리 창출의 보고다. 세계적 경쟁력을 바탕으로 하는 1등 상품, 1등 서비스로 기업들이 높은 수익을 올리며 투자를 확대해 젊은이들에게 필요한 일자리가 끊임없이 만들어지는 이상적 선순환 구조가 스위스 산업시스템의 강점이다. OECD 회원국 20개국을 대상으로 동아일보 청년드림센터와 모니터그룹이 조사한 청년일자리 창출 경쟁력 평가에 따르면 스위스는 정부규제를 제외한 모든 분야에서 상위권에 오르며 1위를 차지했다. 탄탄한 경제구조를 바탕으로 유럽 재정위기의 영향권에서 한발 벗어나 있는 스위스가 세계 최고의 일자리 경쟁력을 갖춘 나라로 꼽혔다. 다음은 독일, 네덜란드, 덴마크 순이었다. 반면 유럽 재정위기의 충격에서 헤어나지 못하고 있는 스페인, 이탈리아, 그리스 등 남유럽 국가들은 후퇴하는 경제, 경직된 노사관계로 일자리 경쟁력을 상실했다는 평가를 받고 있다.

스위스는 제조업 중 정밀기계 전자기계와 화학 분야에서 세계 최고 수준의 경쟁력을 보유하고 있다. 이와 함께 UBS 등 글로벌 금융회사와 천혜의 자연조건을 기초로 한 관광업을 통해 많은 일자리를 창출하고 있다. 인구가 적다는 단점을 극복하기 위해 기술만 있으면 국적과 상관없이 누구라도 스위스 정부자금을 활용한 창업지원 시스템을 이용할 수 있게 했다. 이 시스템을 활용하기 위해 모여든 인재들은 다시 이 나라의 국가 경쟁력을 높이고 스위스인들을 위한 일자리를 만들어냈다.

마지막으로 스위스 정신이다. 이미 살펴본 바와 같이 스위스 정신이야말로 스위스의 국가 경쟁력을 세계 최강으로 만든 원동력이라고 할 수 있다.

제10장
한국이 아시아의
스위스가 되는 길

국민의식 개혁을 통한 법치사회 건설

한국이 지난 반세기 동안 이룩한 산업화-민주화-국제화의 압축 성장 과정은 지난 200년 동안의 스위스 국가 건설 과정과 유사한 점이 있다. 다만, 스위스가 지역적으로 유럽의 중심에 위치해 있으면서 자유주의 사상과 산업혁명이 일찍이 유입되어 선진국의 역사를 150여 년 먼저 성취했다. 다른 점은 지난 200년간 한반도에서는 전화가 끊이지 않았고 구한말 일제에 병합된 것 그리고 해방 후에도 분단되고 북한의 남침전쟁이 있었던 것이다. 스위스는 이러한 위기 때마다 정치적 타협과 유비무환의 무장 중립으로 독립을 유지하고 전화를 입지 않았다.

스위스의 성공은 하루아침에 이루어진 것이 아니다. 오늘날의 스위스 연방 건설을 위해 600여 년 동안 국내외로부터의 도전을 극복하면서 축적된 스위스 정신이 기초가 되었다. 그리고 이후 200여 년의 성장을 이루어냈다. 이 과정에서 스위스는 다른 민주 선진국들과 같이 농업, 산업사회를 거치면서 '약속은 지킨다.'는 신용과 원칙의 사회, 법이 지배하는 법치사회, 갈등을 상호 조정하는 합리적 민주주의의 기초를 튼튼히 다져왔다.

지난 반세기 한국의 산업화는 '양적 따라잡기'에는 성공했으나 선진국이 축적해 온 법과 원칙이 지배하는 사회적 전통과 경험이 부족해 선진화를 이루지 못하고 있다. 질적 성장은 낮은 차원에 머물러 있거나 오히려 후퇴하는 경향도 보이고 있다. 선진국은 됐지만 선진화는 되지 못했다는 것이다. 물질적으로 풍요한 나라, 정신적으로 가난한 나라가 된 것이다. '절반의 성장'이다.

스위스의 성공을 가능케 해준 요인은 다양성의 분열적 요인을 극복하고 정치적 안정성을 확보하여 국가 경쟁력을 강화한 데 있었다. 이러한 성공은 바로 특유의 스위스 정신에서 비롯되었다. 이러한 스위스 정신을 앞에서 독립성, 중립성, 타협성, 자율성, 실용성, 근검성, 유비무환의 정신으로 요약해 보았다. 이러한 정신이 작지만 아름답고 강한 스위스를 건설하고 스위스를 세계 최고 경쟁력을 보유한 국가로 만든 핵심요소라 할 수 있다.

한국이 스위스와 같이 '아름답고 삶의 질이 높은, 작지만 강한 나라'가 될 수 있을까? 스위스와 유사한 환경과 조건을 갖고 있는 한국이 아시아의 스위스가 되는 길은 무엇인가? 여섯 가지의 방안을 제시해 본다.

1980년대 중반 민주화 이후 역대 정부는 법이 지배하는 사회를 중요한 국정과제로 해서 사회 전반에 공정한 룰이 작동할 수 있는 법제도를 만드는 노력을 해왔다. 이런 바탕 위에 신뢰가 구축되어 이를 사회적 자본으로 삼아 선진사회로 나아갈 수 있기 때문이다. 그러나 30여 년의 민주화 과정은 정권 교체의 절차적 민주화는 이루었으나 법치사회의 건설에는 실패했다. 우선 5년마다 교체되는 정권, 법을 만드는 국회, 법을 집행하는 정부 등 상층부의 모두가 법의 지배를 실천하지 못했고 그 결과 국민의 신뢰를 잃었기 때문이다.

한국사회의 부정, 부패, 비리 문제는 특히 심각하다. 압축 성장의

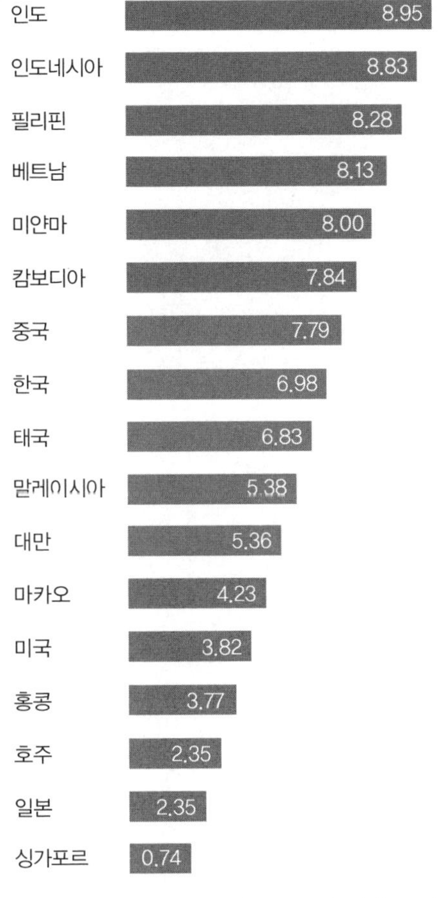

부작용으로 금전만능주의가 확산된 반면 신용, 원칙, 법치, 책임과 같은 사회적 가치는 뒷전으로 밀려났다. 한국사회는 아직도 전 근대적 사회로 법과 원칙보다 정서와 혈연, 학연, 지연 등이 작용하는 인맥 사회의 구조에서 벗어나지 못하고 있다.

아시아 각국에 상주 연구원을 두고 각 나라 정치·경제 이슈 분석

및 국가·기업 리스크 관리를 자문하는 업체인 홍콩 소재 PERC의 「2013년 조사 보고서」에서 한국의 부패가 아시아 선진국 중 최악이자 지난 10년 중 최악이라고 평가했다. 국제투명성기구(TI)의 부패인지도 기준으로 부패가 1단위 줄어들면 국민 1인당 GDP가 2.64% 상승한다는 연구결과가 있다. 싱가포르의 기적 같은 경제성장도 반부패 활동을 통해 가능했다고 평가되고 있다. 한국투명성기구가 2012년 발표한 「세계부패바로미터GCB 보고서」에서는 12개 분야 중 정당과 국회를 가장 부패에 취약한 분야로 나타났다. 다음으로는 종교단체, 공무원, 사법부, 경찰, 민간기업, 언론 등이 뒤를 이었다.

한국의 이미지에 치명적 영향을 주고 있는 코리아 디스카운트도 우선적으로 극복해야 할 과제이다. 한국사회의 전투적인 시위문화와 국회에서의 난동 정치, 해외에서의 '추한 한국인'과 '졸부 한국인'의 관광 추태를 개선해야 한다. 학생·성인·노인 자살, 존속살인, 저출산, 산업재해, 교통사고 사망, 군내 사고·사망, 노인 빈곤율도 모두 OECD 최악 수준이다. 공공지출과 해외 공적개발원조, 소득과 성 불평등 지표 역시 OECD에서 가장 나쁜 수준이다. 일본이 '경제동물과 섹스관광'의 재팬 디스카운트를 극복한 사례를 염두에 두어야 한다.

스위스나 선진국에서는 볼 수 없는 '한국병'도 치유해야 한다. 선진화된 사회에는 '대충' '적당히'라는 단어가 없다. 아파트의 크기나 재산으로 사람을 평가하는 일도 없다. 건설보다는 관리에 초점을 맞춘다. 사고가 나면 처벌보다도 재발방지가 우선이다. 남의 탓, 정부 탓 사고도 찾기 힘들다. 갈등이 생기면 충돌보다는 대화로 해결하려고 한다. 이러한 합리주의가 선진사회이다. 우리가 배워야 할 것들이다.

서유럽 선진국들이 운영해온 제도와 사회구조는 수세기에 걸쳐 그들의 전통, 문화, 습속 위에 점진적 발전단계를 거치며 실용적으로 개편, 확립돼 온 것이다. 이와 달리 우리가 도입한 대부분의 제도와 사회구조는 전통과 문화의 단절 위에 이뤄진 것이다. 수입된 제도가 현실에 적절치 않기 때문에, 이제 민주화된 시대에 각 부문에서 심각한 마찰음을 내고 있다. 따라서 우리의 현실에 맞는 실용적이고 효율적인 제도를 도입하지 않으면 지금 우리 사회가 당면한 많은 도전들을 헤쳐나가기 어렵다.

한국은 지금 최고수준의 경제지표와 최악수준의 인간지표가 병존하고 있다. 한국에는 성공과 실패가 공존하고 있다. 어떻게 이해하고 결합하며 해결할 것인가? 정치, 경제, 사회, 문화의 모든 영역에서 동시다발적인 개혁이 요구된다. 정부 차원에서는 의사소통을 통해 공공부문의 신뢰도를 높이고, 부패 개선과 기회 균등으로 공정성을 확보해야 한다. 국민차원에서는 한국 정신을 강화하는 국민의식 개혁운동이 필요하다.

이제는 국민 스스로 의식을 개혁해야 한다. 이 개혁은 '아래로부터의 개혁'을 필요로 한다. 정부와 정치권의 개혁 노력은 실패했고 국민의 신뢰도 잃었다. 아래로부터의 개혁을 통해 21세기 선진국 진입을 위한 밑거름을 만들어 나가야 한다. 법치, 원칙과 신용 사회, 그리고 합리적인 사회의 창출을 위한 '미래지향적 도덕재무장운동'을 각 레벨에서 그리고 전국적으로 펼쳐 나가야 한다. 이 운동이 정부와 국회의 개혁을 이끌어 '한국정신'으로 정착되도록 해야 한다. 이것이 민주주의의 진정한 힘이다. 스위스의 국가 건설과 선진화 과정이 이를 잘 말해주고 있다. 그리고 스위스와 같이 이 운동을 중단하지 않는 것이다. 그래서 총체적으로 국격國格을 높여 나갈 때 언젠가 우리에게 선진화된 한국이 다가올 것이다.

여야가 없는 한국형 거국내각

한국의 정치체제는 대의제 민주주의와 역사가 짧은 지방자치제로 구성된다. 서구식 민주정치의 경험이 일천한 반면, 유교적 농경사회의 가부장적 전통과 권위주의는 여전히 작동하고 있다. 인맥과 지방색에 의한 정당 정치와 시류에 따른 이합집산의 유산이 정리되지 않고 있다. 정치가 중앙의 권력과 수도권에 집중되는 대권주의 쏠림현상을 보이고 있다.

그 결과는 정당 간의 양극적 대립과 교착으로 귀결된다. 정당정치가 사회적 갈등을 조정하여 국민적 화합을 도출해 내는 정치의 본분은 외면한 채 대권과 정권의 창출을 목표로 이전투구하고 있다. 승자독식의 다수결 민주주의와 한국적 정당정치의 결합은 소모적 정쟁과 함께 정치가 사회적 갈등을 오히려 증폭시키는 경향을 보이고 있다. 이러한 대권주의 정치는 포퓰리즘을 수반하여 민주주의의 기반 자체를 허약하게 만들고 나아가 국가의 경쟁력을 약화시키게 된다.

오늘날 한국의 현실은 산업화–민주화–국제화를 외형적으로 성취했으나 내면적으로는 과거의 후진적 유산이 정리되지 않은 상태에 머물러 있다고 볼 수 있다. 우리가 선진국의 문턱에서 방황하는 이유는 바로 사회 갈등을 조정하는 정치 기능과 역할이 실종됨으로써 국민이 체감하는 정치적 안정성이 상실되었기 때문이다.

한국적 정당정치의 잔재가 청산되지 못한 가운데 이러한 대권주의로 인한 정치 양극화가 선진화의 발목을 잡고 있는 것이다.

미국의 양당제 민주주의도 한계에 봉착해 있다. 미국의 정치에서 타협과 상생의 정치는 후퇴하고 승자독식의 대권주의가 난무하면서 극한정치로 치닫고 있다. 최근 미국의 셧다운(정부업무정지)으로 미국의 소프트파워는 흔들리고 국제사회에서의 신뢰도도 하락하고 있다. 미국의 대외정책에 대한 믿음도 상처를 받고 있다. 한국 정치가 조건과 환경이 다른 미국의 정치를 그대로 답습할 필요는 없다. 오히려 스위스의 정치에서 교훈을 얻어야 할 것이다.

한국의 선진화 목표는 자유, 평등의 민주적 가치의 구현, 지속적 경제발전과 삶의 질 향상 그리고 대외적 독립의 안정성 확보에 있다. 그 방향으로 나아가기 위해서는 스위스와 같이 정치적 안정성이 먼저 확보 되어야 한다. 역사적으로 시행착오의 과정을 경험하면서 정치, 사회적 갈등을 극복해온 스위스의 경험은 한국 정치의 선진화 방향에 교훈을 줄 수 있다. 스위스의 정치를 그대로 모방할 수는 없지만 스위스로부터 배워야 할 점은 타협을 통한 정치적 합의 도출과 책임정치의 구현이다.

첫째, 좌파·우파, 보수·진보 그리고 지역·인맥 등으로 2분화되는 정치권의 분열적 구조로는 국민화합을 이루는 정치적 안정성을 기대할 수 없다. 적대적 투쟁양식으로 전개되는 정치적 양극화 문제를 해소해야 한다. 정당이 가치와 신념, 정책으로 경쟁하는 구도로 바꾸어

나가야 한다. 정치적 선진화가 필요한 것이다.

둘째, 지나치게 정치에 집중된 권력구조를 개편해야 한다. 대통령, 국회의원 등 정치인에 주어진 과잉 권력은 '권력의 사유화'를 낳기 마련이다. 주권재민의 민주주의 원칙대로 스위스와 같이 권력이 분산되고 권력의 무게중심이 아래로 내려와야 한다.

셋째, 정치인 개인과 정당이 함께 책임지는 정당정치가 구현되어야 한다. 개인과 인맥중심의 정당정치는 민주주의의 효율성을 약화시켰다. 현재 제도권 정치와 기존 정당에 대한 국민의 신뢰가 저하되면서 극좌의 종북 세력까지 등장했다. 정치 부재의 악순환이 예상된다. 이러한 책임정치의 제도화는 한국의 선진화 전략에 있어 가장 우선되는 개혁의 과제가 되어야 한다.

그러면 이러한 문제를 치유할 수 있는 효과적 대안은 무엇인가? 여야가 없는 스위스형 거국내각과 유사한 '한국형 거국내각'을 상정해 본다. 일정한 지지율을 확보한 여러 정당들이 지지율에 따라 내각의 각료수를 정하고 정당은 각료를 추천하고 국회가 인준한다. 한반도의 분단 현실과 동북아정세의 불확실성을 감안해 대통령은 스위스와는 달리 의회가 별도로 선출하되 외교와 안보기능만을 수행한다. 구성된 내각은 헌법에 따라 국정 전반을 운영하고 의사를 조정, 합의, 결정해야 한다. 이러한 책임과 의무를 감당하지 못하면 국가 기능이 마비되고 정치권 전체가 국민과 국가에 공동의 책임을 지는 것이다.

그리고 지방자치를 강화해야 한다. 한국의 정치는 중앙집권과 권위주의로 수도주의, 대권주의, 중앙주의가 상존하여 중앙권력과 수

도집중의 블랙홀 현상을 보이고 있다. 선진화는 정치적 안정 없이는 불가능하다. 선진화된 국가의 민주주의는 개인의 민주화 정도가 높고 집단의 전문성 정도가 높다는 특징을 갖고 있다. 민주화의 선진화가 요구되고 있는 것이다. 스위스와 같이 권력을 아래로 분산해야 한다. 지방자치와 함께 직접 민주주의를 활성화해서 국민의 정치 참여를 높이는 것이 바람직하다.

복지 논쟁에 앞선 경제체질 강화

WEF가 발표한 「2013년 국가 경쟁력 평가」에서 한국은 지난해보다 6단계 하락한 25위를 기록하였다. 한국 경제는 여야 간 극단적 대립의 후진적·소모적 정치체제, 양극화에 편승한 노사분규의 장기화, 그리고 성장이 뒷받침되지 못한 분배와 복지 논쟁이 정치적으로 포퓰리즘화하고 있다. 소위 '민주화 피로증후군'이다. 유럽의 그리스, 스페인 등이 산업화와 민주화의 성취 이후 겪고 있는 '중진국의 함정'과 맥을 같이 하고 있다.

삼성경제연구소는 한국의 사회갈등지수가 OECD 평균 수준으로만 개선되더라도 1인당 GDP가 7~21% 증가하는 효과를 가져 올 수 있으며, 사회갈등에 따른 경제적 비용이 연간 82조~246조 원에 이른다고 분석했다.

앞서 살펴본 국가 경쟁력의 지표에서 나타난 바와 같이 한국의 무역규모는 8위인데 국민소득은 26위로 1인당 GDP는 하위권이며, 선

WEF의 한국 기업환경평가 (2013년)

순위	항목
95	정부규제 부담
98	무역장벽
104	조세 효율성
49	통관절차 부담
132	노사협력
120	해고비용
108	고용,해고 관행
61	임금결정 유연성

출처: 세계경제포럼(WEF)

진국과 비교할 때 한국은 경제성장률과 재정건전성은 좋은 반면 근로시간이 너무 길고, 사회구성원 간 신뢰도가 떨어져 삶의 질은 선진국에 비해 크게 뒤떨어지는 것으로 분석됐다. 미국, 일본 등 선진국이나 GDP가 비슷한 호주와 네덜란드 등과 경쟁력 지표를 비교했을 때는 한국이 사회통합과 환경부문에서 특히 취약한 모습을 보이는 것으로 나타났다.

한국 경제의 경쟁력은 높지만 양극화와 사회 불신이 심각하다. 경제성장률이나 재정수지, 외환보유액, 거시경제의 건전성, 정부 재정 등 경제관련 지표들은 상위권이지만 지니계수, 신뢰지수, 법치수준, 부패지수는 낮은 수준에 머물렀다. 또 외환위기 이후 중산층 비율은 낮아지고 빈곤층은 증가하고 있다. 고용에서도 양극화가 심화돼 임시직 근로자 비중은 6번째로 높고 산업간 격차도 벌어졌으며, 특히 서비스산업은 발전 정도가 미흡했다. 대기업과 중소기업의 건전성 측면에서 대기업의 부채비율은 낮고 중소기업은 높아 양극화를 보이고 있다.

한국은 현재 기로에 서 있으며, 한국 경제의 역동성이 빠르게 줄어들고 있다. 경제 활력과 계층 간 이동성이 줄어들고 있으며 계층 간 갈등이 심화되고 있다. 문제 해결에 있어 국가가 제 기능을 발휘하지 못하고 있다. 지금의 각종 제도는 선진화로 나아가는 동력을 유지하기에 더 이상 적절치 않다. 전반적 제도 개편이 요구된다.

성장이냐 복지냐의 논쟁이 아니라 지속성장이 가능한 경제체질 강화가 우선이다. 실패한 나라들의 뒤를 따라가서는 안 된다. 스위스는 이러한 문제들을 극복하고 중진국의 함정에서 벗어나 노사분규가 없는, 복지병이 없는, 그리고 삶의 질이 가장 높은 나라로 평가된다. 성공한 스위스에서 선진화의 교훈을 얻어야 한다.

첫째, 부패의 고리를 끊고 사회갈등을 줄이는 범사회적 체질개선 노력이 이루어져야 한다. 정부와 국민 모두가 참여하는 개혁운동이 필요하다. 시대적 환경이 변화하고 있음을 고려해야 한다. 진정한 국가 경쟁력 확보는 사회구성원 모두가 그 능력을 최대한 발휘할 수 있는 사회적 소프트웨어와 제도적 틀이 만들어질 때 가능하다. 특히 지식정보화시대는 거시적 차원의 경쟁력보다 미시적 차원의 경쟁력이 더욱 중요시되고 그 핵심은 인적자원 축적에 있다. 국민 개개인이 경쟁력을 길러 나갈 때만 진정한 국가 경쟁력 향상을 이룩할 수가 있다.

둘째, 정치 행정의 안정성을 통해 기업환경을 개선해 나가는 노력이 병행되어야 한다. IMD가 평가한 우리나라의 국가 경쟁력 순위가

IMD의 한국 기업환경평가 (2013년)

순위	항목
50	해고비용
53	이민법 등 외국인 고용저해 정도
56	관세장벽
56	노사관계 생산성
54	외국인 직접투자 유치

출처: 국제경영개발원(IMD)

낮은 것은 대부분의 기업경영인들과 외국인 기업가들이 한국의 사업환경에 대해 불만을 가지고 있다는 것을 의미한다. 따라서 국가 경쟁력을 강화하기 위해서는 기업이 활동하기에 적합한 환경을 만들어 나가야 한다. 국내적 환경 개선과 함께 대외적 국가 경쟁력을 높이기 위한 제반노력도 균형 있게 추진할 필요가 있다.

셋째, 연구개발 투자의 효율화로 기술혁신을 강화해야 한다. 한국의 R&D 양적 투입은 높지만, 질적 성과가 낮다는 조사결과는 성과에 초점을 맞춘 지원시스템으로의 전환 필요성을 제시해 주고 있다. 공공연구기관의 역할을 대형 기초연구나 원천기술개발에 집중시켜 대학이나 민간이 담당하기 어려운 연구를 지원하는 데 중점을 두고, 기술평가와 금융지원의 연계를 확대하는 것이 필요하다. 스위스의 산학연계 제도를 도입할 필요가 있다.

넷째, 서비스산업의 비중이 높아져야 한다. 한국의 경제력은 10위권이지만 국가 경쟁력은 그에 미치지 못하는 이유 중의 하나가 글로벌 제조업체는 있지만 금융, 서비스업이 상대적으로 빈약하기 때문이다. 아시아권에서 홍콩이나 싱가포르가 국가 경쟁력 상위를 기록하는 이유이자, 미국을 포함한 선진국의 경우 GDP의 3/4이 서비스업에서 창출되고 있다는 점에 주목해야 한다. 또한 오늘날의 지식기반경제시대에는 서비스업이 더욱 중요한 역할을 하고 있음에 유의해야 한다.

다섯째, 히든 챔피언을 양산하자. 한국의 중소기업은 업체 수와 종사자는 많지만, 부가가치 창출 능력 등 질적 측면이 미흡하기 때문에 투자 대상을 미래 고부가가치 산업으로 재편하고 연구기관이나 대학과 연계해 고급·숙련인력을 확보하는 작업이 필요하다. 정부의 정책, 제도 개선 노력만으로는 국가 경쟁력을 향상시키는 데 한계가 있다. 국가 경쟁력을 향상시키기 위해서는 무엇보다도 경제주체들이 자발적으로 경쟁력 향상을 위해 노력하는 것이 필요하다.

여섯째, 소득 불균형을 개선하기 위한 사회 안전망 확충이 필요하다. 소득 분배 지표는 개선되고 있지만 여전히 선진국보다는 나쁘고 산업이나 기업 규모에 따른 고용과 소득의 양극화가 여전하다. 따라서 한계집단에 대한 보호와 투자를 강화하고 보건·사회복지 등 사회 서비스산업을 육성해 나가야 한다. 또 최저생계를 보장해 주는 사회안전망이 갖추어질 때 우리 사회의 경쟁력은 또 다른 전기를 맞이할 수 있다. 이러한 사회적 투자를 위한 재원 조성이 필요하다. 이를 위해 소득수준과 경제능력에 걸맞은 조세부담을 검토하고 이에 따른 세제개혁이 요구된다.

일곱째, 대외개방형경제체제를 구축해 고급인력을 유입할 필요가 있다. 고령화 사회와 출산율 저하 등 생산가능 인구 감소에 대비해 인력 특성별 외국인 전문 인력을 유치할 필요가 있다. 대·중소기업형 전문 인력을 구분해 유치하고 비전문 외국 인력의 유입 증가로 인한 사회적 비용을 감소시켜야 한다.

대학 안가도 되는 교육제도

한국은 압축 성장 과정에서 상업주의와 시장주의 그리고 정치와 이념의 갈등이 교육현장에 개입되면서 이에 따른 부작용에 시달리고 있다. 정부예산의 20%, 가계 소비지출의 11% 이상을 교육 분야에 지출한다고 하는데 교육에 대한 막대한 투자에도 불구하고 문제는 더욱 커지고 있다. 앞서 지적한 바와 같이 공교육의 실종과 사교육 문제, 수만 명의 조기유학과 기러기 가족, 감당하기 어려운 대학등록금과 졸업 후 취업문제 등 어디서부터 손을 써야 할지 모르는 실정이다. 앞만 보고 뛰어 온 '압축사회'의 과잉 교육과 과잉 경쟁이 빚어낸 비극이다.

높은 교육열과 우수한 인력으로 빈곤 탈출과 산업화의 기적을 일구어냈음에도 불구하고 산업화로 파생된 부작용을 극복하지 못하고 있는 것이다. 지나친 대학 입시경쟁과 획일적인 교육시스템이 맞물려 고비용 저효율의 퇴행적 사회현상을 초래하고 있다. 이러한 문제들이 인적자원의 경쟁력을 약화시켜 선진화의 굴레가 되고 있다.

한국의 교육열은 높지만 내실은 부족하다. 교육부문 양적인 투입은 세계 상위권이지만 질적으로는 처지는 것으로 조사됐다. 역시

GDP 대비 공교육비 지출비중도 7.5%로 25개국 중 2위에 올랐다. 대학 진학률은 세계 최고 수준이고 대학졸업자 비중도 30개국 중 1위이지만 교육비 내실 지표인 교육경쟁력은 최하위에 머물렀다. 고등교육의 경쟁력을 반영하는 유학생 순 유출입률을 보면 한국대학에 유학하는 대학생은 최하위 수준인 반면 외국 대학 유출률은 높다. 한국의 고등교육기관 질이 만족스럽지 않다는 것이다.

스위스 교육의 성공은 교육 본연의 목적인 인간계발과 인성교육에 중심을 두면서 국가의 성장 동력으로써 인적자원의 효율성을 높이는 교육정책을 추진하고 시대적 환경변화에 적응하는 교육개혁을 충실히 이행한 데서 왔다고 볼 수 있다. 스위스의 교육을 염두에 두고 한국교육의 개선 방향을 찾아야 할 것이다.

첫째는 초·중등학교를 9년간의 의무교육으로 전환하고 의무교육 과정에서 인성교육이 중심이 되도록 제도를 개선할 필요가 있다. 지난 반세기 동안 한국의 초·중등 교육을 포함한 모든 교육과정에서 인성교육의 비중은 낮아질 대로 낮아져 경시되는 경향마저 보이고 있다. 학교폭력, 청소년 자살은 더 이상 방치할 수 없는 상황에 직면해 있다. 또한 인성을 고려하지 않은 주입식 지식전달 교육방식은 학생을 '비어 있는 그릇'으로 파악하고 교사가 중심이 되는 일방적 교육으로 자아실현의 토대인 주체성과 비판의식을 발전시키지 못하고 있다.

둘째, 지식인들의 교육개혁 운동이 전개되어야 한다. 한국에서도 페스탈로치와 같은 대교육자가 나왔으면 좋겠다. 한국은 근대에 들어서면서 전통적 교육 가치와 서구식 근대교육을 스스로의 힘으로 접목하지 못하고 일제 점령기 일본식 제국주의 교육이 정착된 채 아직도 그 후유증에서 벗어나지 못하고 있다. 이제 한국 교육의 전통적 가치와 서양의 근대적 가치가 조화를 이루는 한국적 인성교육의 토대를 마련해야 한다. 우리 스스로 알을 깨고 나오는 산고의 교육재건 운동이 요망된다.

셋째, 교육에 정치논리와 이념적 갈등이 개입되지 않도록 해야 한다. 한국은 산업화와 민주화 세력 간의 갈등이 학원에까지 전파되면서 교육 본연의 사명이 희석되고 있다. 학문연구와는 관계없는 정치적 운동권이 등장하고 사회주의적 평등을 주장하면서 헌정체제를 비판하는 일부 운동권이 교육 분야에서도 활발히 활동하고 있다. 교육 현장에 학문적 혼란을 부추기는 실패한 이념이 침투하는 것은 한국의 선진화를 불가능하게 만들 수 있다.

넷째, 교육자와 교육기관의 정치개입은 바람직하지 못하다. 교육감 선거 대신 정부 내에 석학들과 교육자, 시민대표로 구성된 민간교육위원회를 설치하여 교육정책과 교육개선방안을 협의해야 한다. 이 위원회에서 한국의 선진화에 필요한 인력자원의 효율화 문제, 지식정보화 시대에 대비한 인력양성의 문제도 검토해 볼 수 있다. 교육의 중요성을 인식하여 정부의 기능이 안보·경제·교육의 3대 중심축으로 재구성되도록 해야 한다.

다섯째, 교육제도에 건전한 경쟁체제를 도입하고 공교육을 강화해야 한다. 강요된 중·고교 평준화는 인재양성과 인력개발을 지향하는 교육의 목적에 역행하는 것이다. 교육 전체가 하향 평준화 경향을 보이고 있다. 하향 평준화된 공교육의 경쟁력 상실은 사교육비 부담과 조기유학을 부추기고 있다. 초·중등 교육과정을 이수한 후 학문을 계속할 학생과 취업을 선택할 학생을 구분 짓는 스위스의 교육제도를 대안으로 신중히 고려해 볼 필요가 있다. 직업훈련학교는 학비가 적고 졸업 후 취업이 보장된다. 희망하면 전문대학으로의 진학도 가능하다. 모두가 대학에 가서 방황하지 않아도 된다. 사회가 필요로 하는 인적자원이 낭비되지 않고 적기에 적재적소에 배치될 수 있어 국가 경쟁력도 강화될 수 있다.

여섯째, 대학을 학문연구의 상아탑으로 복원해야 한다. 일반대학 수는 1975년 29개에서 2011년 202개 증가했다. 전문대학 수는 147개나 된다. 전체 대학생 수도 24만 명에서 300만 명으로 증가했다. 대학에 반드시 가야만 하다는 생각이 사회 전반에 자리잡으면서 대학은 취업을 준비하는 직업훈련학교 수준으로 하향 평준화되고 우수한 인력자산들이 취업을 기다리며 방황하는 장소가 되었다. 이것은 국가 차원에서나 개인적으로나 바람직스럽지 못할 뿐 아니라 대학 경쟁력의 발목을 잡고 있기 때문에 선진화를 위해서는 반드시 극복해야 할 과제이다.

일곱째, 필요한 교육개혁은 더 늦기 전에 국민투표를 해서라도 실현시켜야 한다. 중등학교에서 직업학교와 대학의 진학을 결정하는 문제는 우리 사회의 현실을 돌아볼 때 실현하기 어려운 일 중의 하나이다. 교육에서 체제비판 이념을 배제시키는 문제도 쉬운 일이 아니다. 정부가 직접 결정하는 국가주의 교육정책도 바람직스럽지 못하다. 그래서 민간교육위원회가 국민과의 소통을 통해 의견을 수렴하고 교육개혁정책을 제시하는 협의과정이 필요하다. 교육자의 제안과 대다수 국민이 동의하는 교육정책과 교육제도는 청소년의 장래와 그들이 살아가야 할 조국의 선진화를 위해 국민투표를 실시해서라도 관철시켜야 한다.

한국 대표 국가 브랜드, 한글과 금속활자

한국의 국가 이미지는 다양하고 복합적이다. 한국전쟁과 가난의 나라라는 과거의 부정적 이미지에 산업화와 민주화를 단기간에 성취한 나라, 한류의 나라라는 긍정적인 이미지가 교차한 결과이다. 문제는 한국을 대표하는 국가 이미지가 떠오르지 않는다는 것이다. 경제로 큰 성공은 이뤘지만 강력한 느낌으로 떠오르는 정체성이 없다. 미국에서 'Korea' 하면 북한이 먼저 떠오르고 그 다음에 '남한인가 북한인가?' 하는 질문을 던진다고 한다. 북한은 믿을 수 없을 만큼 복잡하고 거대한 이슈이며 한국은 중국과 일본이란 대형 브랜드 이미지 사이에서 특별함이 보이지 않는다는 것이다.

이탈리아는 구찌에서 페라리에 이르는 제품들이 등장해 '디자인과 자동차'라는 국가 브랜드를 형성했으며 미국은 '컴퓨터와 비행기', 독일은 '엔지니어링과 맥주', 스위스는 '은행과 시계', 프랑스는 '와인과 향수', 일본은 '전자와 자동차', 중국은 '세계의 작업장'이라는 이미지가 떠오른다. 한국은 이러한 강력한 느낌이 없다. 삼성전자, 현대자동차, 가수 싸이 등이 각 분야에서 놀라운 브랜드를 생산해 냈지만 한국은 여전히 '김치'와 '북한과 대치하는 국가'로 널리 알려져 있어 총체적인 국가 브랜드는 과거에 매여 있다.

한류가 큰 성공을 거두고 있다. 싸이와 소녀시대가 아시아를 넘어 전 세계에 한국을 알리고 한국의 이미지와 브랜드 파워를 높여 주고 있다. 그럼에도 불구하고 해외에서는 한국을 대표하는 국가 이미지가 떠오르지 않는다고 한다. 경제로 큰 성공은 이뤘지만 강력한 느낌으로 떠오르는 정체성이 없다는 것이다. 문화적으로는 중국의 변방, 기술적으로는 일본의 아류라는 이미지를 벗어나지 못하고 있는 것이 현실이다. 한국의 차별화된 이미지가 형성되어 있지 못하기 때문이다.

스위스의 사례에서 볼 수 있듯이 국가 브랜드는 기능적으로 정부, 기업, 국민이 상호 보완적으로 작용해야 한다. 국가 브랜드는 국가의 마스터 브랜드master brand를 이용한 국가의 대표 브랜드 이미지와 정부, 기업, 국민 등 하위 브랜드 간에 신뢰감과 친밀감을 형성해 시너지 효과를 창출해야 한다. 정부는 2002년 대표 국가 브랜드로 '다이내믹 코리아Dynamic Korea'를 내세웠다. 정부가 교체되면서 2008년에는 '코리아 스파클링Korea Sparkling'으로 바뀌었다. 그러나 이 브랜드 이미지는 다른 나라와 차별화되지 않고 무슨 뜻인지 명쾌하지 않아 한국의 대표 브랜드라기보다는 관광 브랜드 정도로 인식되고 있다. 대안으로 '조용한 아침의 나라Land of Morning Calm'가 거론되기도 한다. 그러나 신비한 이미지는 있으나 여전히 과거에 묶여 있다.

무엇이 한국의 대표 브랜드가 되어야 하는가? 한국의 대표 브랜드로 문화와 기술을 내세워야 한다. 한국의 강점으로 인식되는 단기간에 성취한 산업화와 민주화, 확산되고 있는 한류, IT강국 등의 이미지가 여기에 함축되어 있다. 문제는 한국적 문화와 기술의 콘텐츠가

무엇인가를 제시하는 것이고 다
음으로 중국, 일본과 무엇이 다
른지 차별화할 수 있어야 한다.

한글을 대표 브랜드로 내세
워야 한다. 한글은 중국의 한
자, 일본의 문자와 차별화될 뿐
아니라 세계에서 가장 과학적이

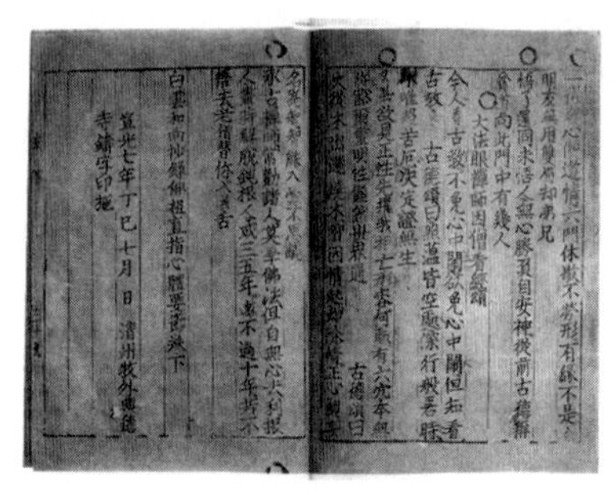

직지심경

고 실용적인 문자로 평가되고 있고 1997년 유네스코가 지정하는 세
계기록유산에 등록되었으며, 유네스코는 문맹퇴치에 공헌한 사람들
에게 '세종대왕상'을 수여하고 있다. 또한 한국어는 세계 10위권의 당
당한 메이저 언어이다. 2007년 세계지식재산권기구(WIPO)는 한국
어를 국제특허협력조약의 국제공용어로 채택한 바 있다.

한글은 컴퓨터시대에도 가장 적합한 문자이다. 문자의 간편성을
비교해볼 때 세계적으로 많이 쓰이는 중국어, 일본어에 비해 한글은
24자로 그 어떤 문자도 한글에 비할 바가 못 된다. 실제로 한글은 컴
퓨터 자판기 속에 들어가지만 중국어나 일어는 컴퓨터나 휴대전화
자판기에 배열하기 어렵다. 입력 속도에서도 한글이 훨씬 빠르다. 현
재 로마자가 세계적으로 문자의 음성 표기로 사용되고 있으나 한글
은 외국어의 발음도 원음에 가깝게 소리를 낼 수 있다. 이미 한글은
휴대전화나 컴퓨터에 음성인식 기능을 부여해 활용하므로 어느 문자
보다 호환성의 우수함이 입증되고 있다. 세계 언어학자들은 '한글은
모든 언어가 꿈꾸는 최고의 알파벳' '한글은 세계에서 습득이 가장 수
월한 문자' '세계 공용어로 사용할 가치가 있는 최고의 언어' 등의 찬

사를 쏟아내고 있다.

한글과 함께 한국의 대표적 기술 브랜드로 금속활자를 내세워야 한다. 1967년 프랑스 파리국립도서관에서 발견된 『직지심경』은 세계에서 가장 오래된 금속활자본임이 판명되어 유네스코 문화유산에 등재되었다. '서울디지털포럼 2005'에 참석한 앨 고어 전 미국 부통령은 기조연설에서 "한국의 디지털 혁명은 역사적으로 두 번째 혁신적인 기술발전에 기여하는 사례로 전 세계가 인쇄술에 이어 한국으로부터 두 번째 큰 혜택을 보게 됐다."고 말했다. 고어 전 부통령이 지목한 첫 번째 혁신적 기술은 한국의 금속활자 발명이고 그가 언급한 큰 혜택은 금속활자 발명이 지식정보 소통의 혁명을 가져온 인류문화사의 쾌거를 말한 것이다. 고어 전 부통령은 또 "구텐베르크의 금속활자 인쇄는 한국에서 건너온 기술에서 비롯된 것"이라고 말해 우리를 깜짝 놀라게 했다.

오늘날 선진국의 정신적 지주가 된 프로테스탄트 종교혁명은 한국 금속활자의 영향을 받아 가능했다는 추론이 가능하다. 오늘날에도 한국을 잘 모르는 선진국 국민에게 한국의 금속활자 발명과 종교혁명의 연관성이 알려진다면 강력한 느낌의 이미지로 다가갈 것임이 분명하다. 그러나 안타깝게도 직지와 금속활자의 세계사적 위상과 가치는 국내외에 많이 알려져 있지 않다. '한글의 나라' '금속활자의 나라'를 국가 브랜드로 확산시켜 나가면 문화와 기술이라는 한국적 대표 브랜드가 강화될 수 있다. 그리고 오늘날의 한류, IT강국 이미지와 연계하여 전략적으로 추진된다면 시너지 효과도 기대할 수 있다.

한국의 대표 브랜드가 실종된 것은 홍보의 미숙함도 원인이지만 일

관되게 한국을 설명하거나 이해시킬 종합적이고 전략적인 국가 이미지 창출 노력이 부족했기 때문이다. 선진 기술 국가 이미지를 내세울 것인지 전통문화를 강조하는 역사 문화 이미지를 강조할 것인지 하는 전략이 없었다. 대표적 브랜드를 만들고 보완하고 여기에 맞는 세부 키워드를 조합하는 장기적 성향의 브랜딩 전략이 필요함에도 불구하고 상황에 따라 필요에 따라 산발적으로 다양한 브랜드를 제공해 온 것이다. 한국어와 한국학을 보급하는 문화교류홍보 관련 기관을 살펴보자. 문화부 산하에 해외문화원, 국립국어연구소, 한국어세계화재단. 교육부 산하에 한국교육원, 국제교육진흥원, 한국학중앙연구원. 외교부 산하에 국제교류재단, 재외동포재단. 그리고 국정홍보처 산하에 해외홍보원이 있다. 각 부서별로 업무는 중복되고 브랜드 제고 노력은 온데간데없다. 부처 간 이기주의, 밥그릇 싸움의 결과이다.

핵심적인 전략의 공유가 없는 상태에서 분산되고 개별적인 국가 브랜드 관리 활동은 홍보의 대상이 되는 외국인들에게 혼란을 초래할 수 있어 매우 비효율적이다. 선진국의 경우는 영국의 브리티시 카운슬, 독일의 괴테 인스티튜트, 일본의 재팬 파운데이션 등이 자국의 언어, 문화, 예술, 학술교류를 체계적으로 보급, 홍보하며 국가 이미지를 높이고 있다. 세종학당은 한국어와 한국문화를 보급하는 국가 대표 브랜드다. 현재 전 세계 51개국에 117곳이 운영되고 있다. 이를 전 세계로 확산시킬 필요가 있다.

이러한 관점에서 한국도 장기적인 방향에서 국가 브랜드를 창출하고 정부 내에 브랜드 활동을 유기적으로 통합, 조정하는 실질적 권한을 가진 조직이 필요하다. 2005년 당시 국가이미지제고위원회를 만들어 이러한 역할을 시도했으나 부처 간의 벽을 허무는 데 실패했다. 2008년에도 국가브랜드위원회를 설립해 유사한 역할을 했으나 장기적 성향의 국가 브랜드 설정과 부처 간 활동을 통합, 조정하는 역할에는 여전히 못 미치고 있다. 실질적 권한이 없기 때문이다. 이제 한국도 대표 브랜드 만들기 같은 중장기 과제로부터 부처별 기능조정, 지방의 국제행사 유치 등을 통합, 조정하고 결정할 수 있는 컨트롤타워를 총리 산하에 법적 기관으로 설치할 필요가 있다.

유비무환의 정신으로 통일 한국을 건설하자

국가의 존재는 생존과 번영이라는 목표를 따라 작동한다. 유감스럽게도 한국은 경제적 성취를 이루었지만 북한과 생존의 문제를 두고 충돌하고 있다. 번영은 생존의 토대 위에 세워지므로 안보가 경제에 우선한다. 그런데 한국의 안보태세는 어떤가? 우리는 유사시에 강하다. 역사적으로도 전쟁이 나면 국민이 뭉치고 구국의 영웅이 나왔다. 일제의 무자비한 총칼 앞에서도 목숨을 건 3.1독립운동이 있었다. 1998년 외환금융위기 시에는 다른 나라에서는 볼 수 없는 금 모으기 운동도 있었다.

그러나 우리는 평상시에 약하다. 국론 분열과 안전 불감증이 자리 잡고 있다. 정치는 대권에 관심이 있고, 국민은 안보에 별 관심이 없다. 위기가 발생하면 단결하지만 위기를 미리 막고, 대비하는 일에는 소홀하다. 한국의 산업화-민주화-국제화의 성공을 사상누각으로 만들 수도 있다. 우리가 선진화를 성취해 나가기 위해서는 이 시점에서 안보태세를 점검하고 대비책을 강구해야 한다.

스위스의 사례에서 보는 바와 같이 스위스의 생존과 독립을 지켜 주는 수단은 위기에 대비한 안보의식, 군사대비, 제도적 장치, 초당적 외교와 같은 안보태세의 기제들이다. 스위스와 같은 평화의 나라, 영세중립국도 평소 안보에 대해서는 정신무장과 군사대비태세를 늦추지 않고 있다.

첫째, 국가의 안보는 국익 중에서도 최우선 과제이기 때문에 정쟁의 대상이 되어서는 안 된다. 따라서 안보정책은 정권이 바뀌면 시계추처럼 흔들리는 대상이 되어서도 안 된다. 한국의 현실에서 안보를 정치화하는 것은 안보 위기를 스스로 조장하는 것과 다르지 않다. 생존의 문제로 국력을 낭비하는 일은 더 이상 없어야 한다. 정치가 국가의 안보문제에 타협을 이루지 못하면 정치권이 모두 책임진다는 각오가 있어야 한다.

그래서 주요한 안보정책은 여야가 합의하고 국민적 지지를 확보하는 노력을 해나가야 한다. 특히, 남북관계와 대북정책에 관해서는 정치권이 합의해야 한다. 국가 지도자들은 정치적 이유로 인기 없는 안보문제의 거론을 회피하거나 경제를 앞세워 객관적으로 존재하는 긴장을 축소해서는 안 된다. 한국의 현실은 이러한 대중영합의 정치를 허용하기에는 너무 심각하다. 앞서 지적한 바와 같이 정부는 거국내각으로 하고 대통령이 외교안보만을 담당하는 체제로의 변환을 적극 검토해야 한다.

둘째, '나라는 내 손으로 지킨다.'는 자주적 안보정신을 생활화하여야 한다. 우리사회는 상업주의가 만연되면서 안보기피 증세가 위험 수준에 있다. '민족우선'의 사고도 이러한 안보 해이를 부채질하고 있다. 천안함과 연평도 사건으로 잠시 달구어진 안보의식도 '냄비'처럼 식어 버렸다. 이러한 분위기 하에서 시대에 뒤떨어진 극좌 성향의 종북세력이 자리 잡게 되었다. 자유민주주의를 향유하려면 국민 스스로가 안보의 몫을 감당해 나가는 자세가 요구된다. 대도시의 건물에는 스위스와 같은 지하 대피소를 건축법에 의무화하는 방안을 검토할 필요가 있다.

셋째, 스위스는 평화 시에도 위기 시에도 모두 강했다. '사람이 할 수 있는 노력은 다한다. 그리고 그 노력을 중단하지 않는다.'는 스위스 정신을 되새겨 보아야 한다. 안보에 관한 스위스의 교훈은 위기에 앞서 평소에 정신무장과 군사무장을 단단히 하라는 것이다. 이것이 다양성을 통일성으로 묶어 주는 린치핀이고 강대국에 둘러싸인 스위스가 생존하고 번영할 수 있었던 이유이다. 그래서 스위스는 오늘날 모두가 선망하는 선진국이 되었다.

마지막으로 확고한 안보태세를 기반으로 남북분단을 극복하고 평화통일을 추진해야 한다. '네 마리 코끼리'에 둘러싸인 한국은 구한말의 역사가 반복할 수 있는 위험이 상존하고 있다. 한국이 안보의 종속변수로부터 진정으로 독립된 선진국이 되기 위해서는 분단을 극복하여 통일을 이루어야 한다.

통일의 시기는 중요한 관심사이지만 논의의 대상이 되기 어렵다. 통일은 재촉해서도 안 되고 재촉한다고 되는 것도 아니다. 통일은 우리가 앞당기거나 뒤로 미룰 수 있는 선택의 대상도 아니다. 우리가 예상치 못한 가운데 다가올지도 모른다. 그러나 언젠가 다가올 통일은 우리에게 기회이자 도전이 될 것이다. 통일은 우리 민족 모두의 염원으로 민족사의 당연한 귀결이지만 뜨거운 마음보다는 차가운 머리로 이루어낼 수 있다. 통일은 실리적으로도 영토의 확대와 인구의 증가를 가져올 수 있으며 보다 큰 경제 규모로의 성장을 가능케 해 줄 수 있다. 분단으로 인한 불필요한 비용도 줄일 수 있으며 외교와 안보의 유연성도 증대될 수 있다. 통일은 새로운 시대를 여는 기회가 될 것이 분명하다. 통일을 이루어 '30-80 클럽'(8,000만 명의 인구와 3만 달러 소득)에 이름을 올릴 때 한국은 비로소 스위스와 같이 독립된 자유와 평화의 나라를 건설할 수 있을 것이다. 그러나 통일에 관해 그리고 통일국가의 모습에 관해 국민적 합의가 이루어지지 않고 있다. 통일 후의 새로운 국가는 결국 남한에서 이룬 체제의 연장선상에서 건설될 가능성이 높기 때문에 앞으로 전개될 한국의 모습에서 새로운 통일국가의 모습을 발견할 수 있을 것이다. 이러한 의미에서 지방자치를 강화하고 지방분권을 제도화하는 것이 통일 후의 국가 운영에도 도움이 될 수 있다. 통일국가는 스위스의 지방분권체제에서 시사점을 얻을 수 있다. 이것이 통일 준비가 될 수 있다.

새로운 통일국가의 건설에는 산고가 따르기 마련이다. 그리고 먼 길을 가야 할 것이다. 그러나 그 첫걸음은 우리 내부의 역량을 강화하는 데에서 출발해야 한다. 내부의 문제들을 극복하고 인적 자원의 지속적 개발을 통해 국가 경쟁력을 향상시켜 나가는 것이 통일을 위한 유비무환의 자세가 될 것이다.

참고문헌

국내 단행본

고지기, 『노예. 전쟁. 혁명. 미술. 사상으로 읽는 세계사』, 청년정신, 2003.

김형규, 『같이 내일을 그리던 어제―이한빈·최정호의 왕복서한집』, 시그마 프레스, 2007.

민석홍, 『서양사 개론』, 삼영사, 2009.

박영도, 『스위스연방의 헌법개혁과 향후전망』 한국법제원, 2004.

박후건, 『중립화 노선과 한반도의 미래』, 선인, 2007.

안성호, 『분권과 참여 스위스의 교훈』, 다운샘, 2005

안성호, 『스위스연방 민주주의 연구』, 대영문화사, 2001.

이성만, 『스위스 문화 이야기』, 역락, 2004.

조두환, 『스위스 문화 기행』, 자연사랑, 2002.

조두환, 『하이 알프스』, 청년정신, 2009.

토모유키, 이소야마, 김채경 역, 『브랜드 왕국 스위스의 비밀』, 생각과 꿈, 2007.

스트위키, 로렌즈, 김만행 역, 『스위스인의 지혜』, 명문당, 1989.

융커 외, 이주성 역, 『스위스 직접민주주의』, 삼성출판사, 2003.

로스, 그레이엄, 이상철 역, 『새 유럽 외교사』, 까치, 1995.

클레스만, 크리스토프, 최승완 역, 『통일과 역사 새로 쓰기』, 역사비평사, 2004.

지글러, 장, 양영란 역, 『왜 검은돈은 스위스로 몰리는가』, 갈라파고스, 2013.

루소, 장 J, 민희식 역, 『에밀』, 2007.

외국 단행본

Barber, Benjamin, 『Jihad vs McWorld:Terrorism's Challenge to

Democracy 』, Ballantine Books, 1996.

Beattie, Andrew, 『The Alps: A Cultural History』, Signal Books Ltd. 2006.

Bilton, Paul, 『Xenophobe's Guide to the Swiss』, Oval Books, 2008.

Birmingham, David, 『Switzerland : Village History』, Swallow Press, 2004.

Breiding, R. James, 『Swiss Made』, Profile Books, 2013.

Church, Clive H, 『The Politics and Government of Switzerland』, Palgrave Macmillan, 2004.

Codevilla, Angelo M, 『Between the Alps and a hard place』, Regnery History, 2000.

Friedman, Thomas L. 『The Lexus and the Olive Tree』, Macmillan, 2000.

Georges-Andre, Chevallaz, 『The Challenge or Neutrality : Diplomacy and the Defense of Switzerland 』, Lexington, 2002.

Hampshire, David, 『Living and Working in Switzerland: A Survival Handbook』, Survival Books, 2013.

Katzenstein, Peter J, 『Corporatism and Change : Austria and Switzerland and the Politics of Industryr』, Cornell University Press, 1987.

Kaufmann, Bruno, 『Guidebook to Direct Democracy in Switzerland and Beyond』, The Initiative & Referendum Institute Europe, 2010.

Kreis, Georg, 『Switzerland and the Second World War』, Routledge, 2000.

Küng, Hans, 『Die Schweiz ohne Orientierung? : Europaische Perspektiven』, Benziger Verlag AG Zürich, 1992.

Lehmann, Lydia, 『Switzerland Inside Out』, SJCC, 1998.

Linder, W, 『Swiss Democracy : Possible Solutions to Conflict in Multicultural Societies』, Palgrave Macmillan, 2010.

Oberdorfer, Don, 『The Two Koreas』, Basic Books, 2006.

Steinberg, Jonathan, 『Why Switzerland?』, Cambridge University Press, 1996.

Steiner, Jiirg, 『Power-Sharing: Another Swiss "Export-Product』, Lexington Books, 1990.

Toffler, Alvin, 『The Third Wave 』, Bantam, 1984.

Zimmer, Oliver, 『A contested nation : History, Memory, and Nationalism in Switzerland, 1761−1891』, Cambridge University Press, 2003.

스위스 간행물

Presence Switzerland PRS, 「Switzerland in its Diversity」, kunmerly+Frey, 2012.

Embassy of Switzerland in Seoul, 「50 Years Diplomatic Relations Switzerland−Korea」, Korea, 2012.

한국 정부 · 기관 · 연구소 간행물

주 벨기에 한국대사관, 「EU를 알면 우리가 보인다」, 애드컴 서울, 2005.

경희대 아시아태평양 연구센터 「The Swiss Delegation to the Neutral Nations Supervisory Commission in Panmunjom (KOREA) 1953−1993」, 한다인쇄, 1993.

국가브랜드위원회(PCNB) 삼성경제연구소(SERI), 「Nation Brand Dual Octagon, NBDO」, 2012.

삼성경제연구소(SERI), 「소비자 태도조사」, 2010−2013.

삼성경제연구소(SERI), 「한국의 사회갈등과 경제적 비용」, 2009.

국가브랜드위원회, 「한국인 이미지 조사」, 2010.

한국투명성기구, 「세계 부패 바로미터(GSB)」, 2012−2013.

통계청, 「한국의 GDP 변화 추세」, 1960−2013.

외교부, 「외교백서」, 2005−2010.

외교부, 「스위스 개황」, 2012.

국제기구 · 기관 · 연구소 간행물

Anholt−GFK, 「Nation Brand Index」, 2012.

Brand Finance, 「Brand Finance Global 500」, 2012.

Credit Swiss, 「Global Wealth Report」, 2013.

Economist, 「Quality of Life Index」, 2013.

Economist Intelligence Unit, 「Country Report」, 2013.

Forbes, 「List of Billionaires」, 2008.

Future Brand, 「Country Brand Index, CBI」, 2012-2013.

INSEAD, 「Global Innovation Index」, 2013.

International Institute for Management Development, 「The World Competitiveness Yearbook 」, 2012.

International Monetary Fund(IMF), 「World Economic Outlook」, 2013.

News Week, 「The World's Best countries」, 2010.

Political & Economic Risk Consultancy, 「The Trend of Corruption in Asia」, 2012.

Reputation Institution, 「Global RepTrak® in Countries」, 2013.

Transparency International, 「Corruption Perceptions Index」, 2012.

The Earth Institute at Columbia University, 「World Happiness Report」, 2013.

United Nations Development Programme(UNDP), 「Human Develpment Index」, 2013.

World Bank(WB), 「High Income Country List」, 2012.

World Economic Forum(WEF), 「The Global Competitiveness Report」, 2012.

World Economic Forum(WEF), 「Environmental Performance Index, EPI」, 2012.

Yale-Columbia University, 「Environmental Sustainability Index」, 2012.

찾아보기

21세기 대한민국 선진화 전략 스위스에서 배운다

펴낸날	초판 1쇄 2013년 12월 20일
	초판 2쇄 2014년 1월 20일

지은이	장철균
펴낸이	심만수
펴낸곳	(주)살림출판사
출판등록	1989년 11월 1일 제9-210호

주소	경기도 파주시 문발동 522-1
전화	031-955-1350 팩스 031-624-1356
기획·편집	031-955-4665
홈페이지	http://www.sallimbooks.com
이메일	book@sallimbooks.com

ISBN   978-89-522-2805-5   03300

※ 값은 뒤표지에 있습니다.
※ 잘못 만들어진 책은 구입하신 서점에서 바꾸어 드립니다.

이 도서의 국립중앙도서관 출판시도서목록(CIP)은 서지정보유통지원시스템 홈페이지
(http://seoji.nl.go.kr)와 국가자료공동목록시스템(http://www.nl.go.kr/kolisnet)에서
이용하실 수 있습니다.(CIP제어번호: CIP2013026251)

책임편집 홍훈표